Andrea Reinhardt

KUNST Highlights

… für Frühling und Sommer

Kurze Projekte für 5- bis 10-Jährige

Verlag an der Ruhr

Impressum

Titel
Kunst-Highlights ... für Frühling und Sommer
Kurze Projekte für 5- bis 10-Jährige

Autorin
Andrea Reinhardt

Fotos und Titelbildmotiv
Andrea Reinhardt

Das fliegende Atelier e.V.
Kinderkunstschule Bochum

mit Unterstützung von Christian Uhe, Andrea Prislan,
Sylvia Zipprick-Gaou und Simone Sonnentag

Verlag an der Ruhr
Mülheim an der Ruhr
www.verlagruhr.de

Geeignet für Kinder von 5–10 Jahren

Unser Beitrag zum Umweltschutz
Wir sind seit 2008 ein ÖKOPROFIT®-Betrieb und setzen uns damit aktiv für den Umweltschutz ein. Das ÖKOPROFIT®-Projekt unterstützt Betriebe dabei, die Umwelt durch nachhaltiges Wirtschaften zu entlasten.
Unsere Produkte sind grundsätzlich auf chlorfrei gebleichtes und nach Umweltschutzstandards zertifiziertes Papier gedruckt.

ISBN 978-3-8346-0957-1

Printed in Germany

Weitere Bände der Autorin:

Andrea Reinhardt
Kunst-Highlights für Herbst und Winter
ISBN 978-3-8346-0705-8

Andrea Reinhardt
Jungs machen Kunst
ISBN 978-3-8346-0700-3

Inhaltsverzeichnis

Inhaltsverzeichnis

Andrea Reinhardt, Jahrgang 1976, lebt und arbeitet im Ruhrgebiet als freie Kunstpädagogin, Kulturschaffende und Fotokünstlerin. Ihr Arbeitsschwerpunkt ist die experimentelle Fotografie.

Sie besuchte von 1996–2000 die Fachschule für Sozialpädagogik in Münster. 2002/2003 machte sie ihren Sozialfachwirt am Institut für Personenzentrierte Supervision und Organisationsberatung in Dortmund.

Von 2003 bis 2005 besuchte sie die Akademie Remscheid für musische Bildung und Medienerziehung und machte dort eine Weiterbildung mit Qualifikation für ästhetische Bildung an Jugendkunstschulen.

Neben ihrer künstlerischen Tätigkeit gründete sie im Jahr 2004 zunächst eine mobile Kinderkunstschule und besuchte Kindergärten und Grundschulen im Ruhrgebiet. 2005 eröffnete sie die **Kinderkunstschule „Das fliegende Atelier e.V."** in Bochum mit eigenen Räumlichkeiten.

Anschließend gründete sie den dazugehörigen Kunstschulverein für Kinder im Jahr 2007.

Ihre Arbeitsschwerpunkte sind die Entwicklung von kunstpädagogischen Bildungskonzepten, Projektarbeit im Bereich bildender Kunst, Literatur, Fotografie und Medien sowie die Organisation von öffentlichen Kinderkulturevents und Ausstellungen.

Seit 2009 besucht sie die freie Kunstakademie der bildenden Künste in Essen und studiert dort Freie Kunst mit den Schwerpunkten Fotografie und Interdisziplinäre Arbeit.

Die Kinderkunstschule Bochum

Mit der Gründung der Kinderkunstschule **„Das fliegende Atelier e.V."** war die Idee verbunden, Kinder bereits im Kindergartenalter an Kunst, Literatur und Medien heranzuführen und neue Lernfelder für Kinder und Erwachsene zu schaffen. Entscheidend war für uns neben der Kunstvermittlung – auch angesichts der Bildungsdebatte – die Frage, wann und wie sich schon junge Kinder zu selbstbewussten und neugierigen Kindern entwickeln können, die Lust am Lernen haben und dabei wichtige Kompetenzen erwerben, die das Leben abverlangt.

Daher legen wir großen Wert auf ein offenes, flexibles Unterrichtskonzept mit vielseitigen Angeboten und Projekten. Sechs Kunstpädagogen unterrichten an unterschiedlichen Tagen und setzen das spartenübergreifende Konzept um.
Für bestimmte Projekte werden auch Fotografen, Medienpädagogen, Bildhauer oder ganz bestimmte Künstler engagiert. Davon profitieren die Kinder sehr, da alle Unterrichtenden unterschiedliche Angebote anbieten und verschiedene methodische Herangehensweisen haben.

Über 100 Jungen und Mädchen im Alter von 3 – 14 Jahren besuchen die Kinderkunstschule regelmäßig wöchentlich und bleiben meistens mehrere Jahre. Dies ermöglicht uns eine kontinuierliche kunstpädagogische Arbeit sowie die Weiterentwicklung unserer Konzepte, Angebote und Projekte.
Kinder und Jugendliche werden kulturell gebildet und in drei verschiedenen Bildungsbereichen gefördert: **Kunst, Literatur und Medien.** Diese Angebote finden auch oft spartenübergreifend statt und bestehen aus angeleiteten sowie freien Angeboten.

Weitere Informationen

- **www.das-fliegende-atelier.de**
- **www.kinder-machen-buecher.de**
- **www.kinder-machen-fotos.de**

Das fliegende Atelier e.V.
Kinderkunstschule Bochum

Kapitel 1

Unser KUNSTKONZEPT für Kinder

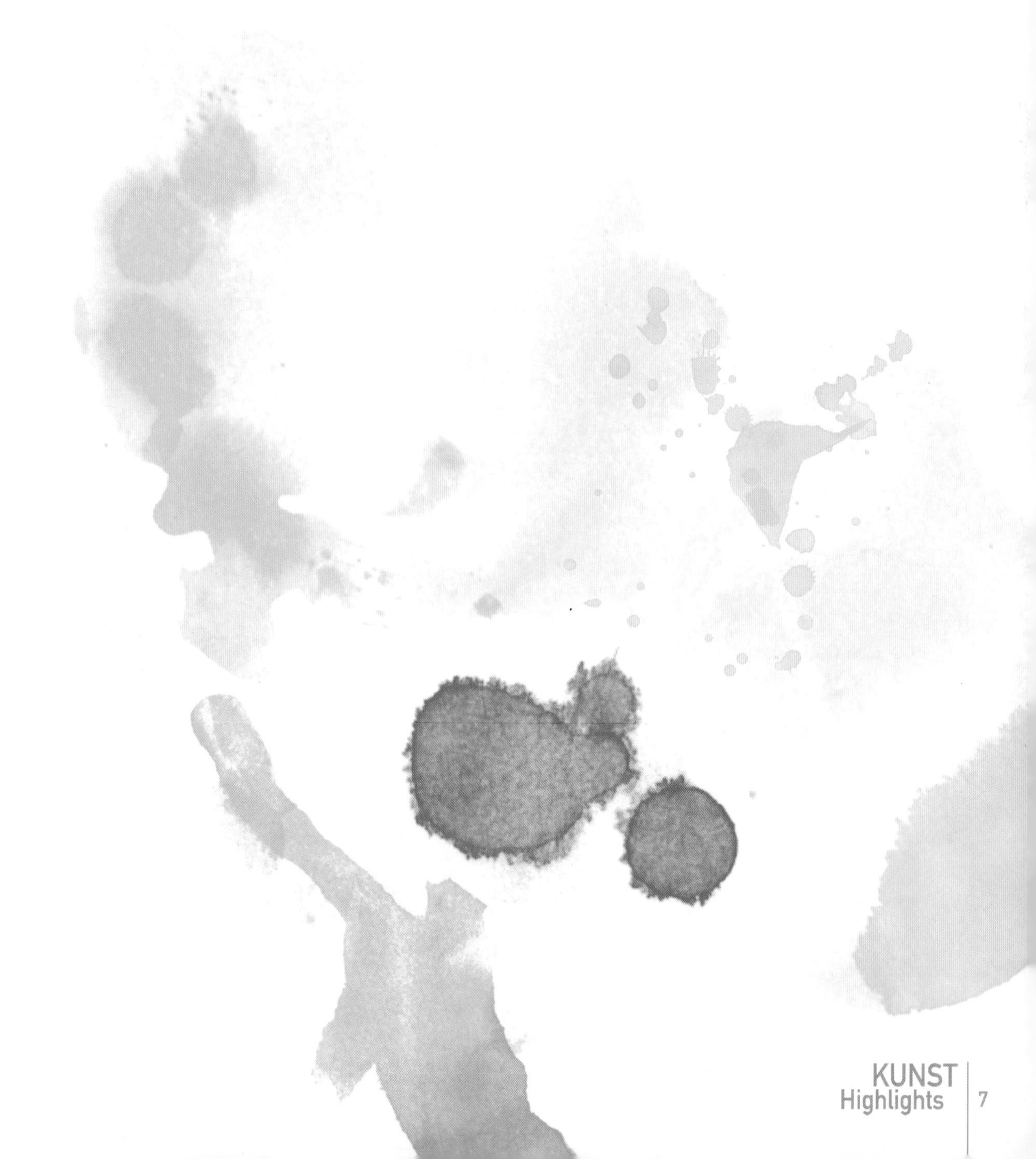

Vielseitige Bildung durch Kunst

Kinder brauchen und wollen altersgemäße Bildungsabenteuer. Sie wünschen sich vielseitige Angebote und spannende Projekte, die ihren Interessen entsprechen. Kinder lieben Farben, Geschichten, mediengestützte Angebote und eigentlich alle erdenklichen kreativen Ausdrucksmittel.

Kindern frühzeitig eine künstlerisch anregende Umgebung zu bieten und deren Interesse für Kunst, Literatur und Medien zu gewinnen, bedeutet, ihre Bildungschancen zu erhöhen. Die Lust auf Bilder und Sprache trägt dazu bei, sich die Welt zu erschließen, und ist Motivation für Lern- und Bildungsprozesse.

- Im **Bildungsbereich Kunst** vermitteln wir vielfältige Techniken und fördern das freie Gestalten mit vielen unterschiedlichen Materialien. Die Kinder sollen eigene Bildideen umsetzen und ihre Kreativität entfalten können. Dazu gehört auch plastisches Gestalten.

- Im **Bildungsbereich Literatur** denken sich die Kinder eigene Geschichten aus, erfinden Gedichte, schreiben Comics und produzieren sogar selbst Bücher.

- Im **Bildungsbereich Medien** setzen sich die Kinder mit Fotografie, Computer und Film auseinander. Sie lernen verschiedene fotografische Techniken kennen, bearbeiten ihre Fotos mit dem Computer, nehmen an Fotoausstellungen teil oder erstellen einen Zeichentrickfilm.

All das ist schon mit Kindergartenkindern und Grundschulkindern möglich, **wenn man sie nur lässt!** Bei uns setzen nicht nur die Erwachsenen die Impulse, sondern auch die Kinder. Wir verstehen unsere Aufgabe darin, mit Kindern gemeinsam Projekte zu entwickeln und sie dabei zu unterstützen.

Vielseitige Bildung durch Kunst

Alle Kinder haben ganz unterschiedliche Lernvoraussetzungen, die es zu erkennen gilt. Dies setzt eine sehr sensible und aufmerksame Haltung der Kunstpraktizierenden voraus, die Kinder auf verschiedenen Ebenen auch emotional wahrnehmen und unterschiedlich fördern müssen.

Lernfreude und Freude am Gestalten entwickeln sich, wenn Kinder entdecken, erforschen und erfinden dürfen. Etwas Eigenes zu erschaffen, macht stolz. Kinder werden von uns positiv verstärkt in dem, was sie ausprobieren und schaffen.
Ständig staunen wir über all die verschiedenen Kunstwerke und lernen aus den Gedankengängen der Kinder dazu.

Es ist so viel möglich, was wir vorher noch nicht gesehen, gelesen oder gehört haben. Wieder und wieder werden wir von den Kinderideen großartig überrascht.
Wir betrachten uns als **Selbstlernende**, und unser Interesse kommunizieren wir mit den Kindern. Durch diese Wertschätzung treten uns die Kinder offen mit ihren Gefühlen, Gedanken und Ideen gegenüber.

Individuelles künstlerisches Arbeiten mit Kindern

Im Kindergartenalltag und in der Schule sind die immer wiederkehrenden Jahreszeiten und das Feiern von Festen ein fester Bestandteil der pädagogischen Arbeit. Die Kinder malen, basteln und gestalten dazu. In manch einer Einrichtung allerdings nehmen die Jahreszeiten und „Basteleien" so viel Raum ein, dass kaum noch Zeit und Raum für eigene Gestaltungsideen bleibt. Wenn sich gestalterische Arbeit nur auf Jahreszeiten, Feste oder gar vorgegebene Themen bezieht, bleibt unvermittelt, warum künstlerisches Gestalten so wichtig ist.

Es sind die eigenen Erfahrungen, das Ausprobieren und Umsetzen von Bildideen, die Aha-Erlebnisse, das Spiel mit Wunsch und Wirklichkeit, die Verarbeitung von Realität, die Handhabung verschiedener Werkzeuge, Materialien und künstlerischen Techniken – schlichtweg die gesamten Kompetenzen, die durch eine ästhetisch sinnvolle Kunsterziehung erworben werden können. Dazu gehören auf jeden Fall Angebote und Projekte, die auch Erfahrungen, Wünsche und vor allem Lebenswirklichkeiten der Kinder mit einschließen. Nur so kann Kunst auch eine Möglichkeit sein, sich mit sich selbst und der Welt auseinanderzusetzen.

In der Praxis und auch auf unseren Fortbildungen, die wir für Erzieher und Lehrer seit Jahren anbieten, hat sich herausgestellt, dass eher wenig experimentell und vielseitig gearbeitet wird.

Das Thema „Jahreszeiten" ist allerdings fast überall ein festes und großes Thema in der künstlerischen Gestaltung. Genau dies war für uns der Anlass, vielseitige und experimentelle Angebote für alle Jahreszeiten zu entwickeln. – Außerdem eine Herausforderung, weil sich unser Kunstunterricht bislang weniger am Jahreskreislauf orientiert hat.

Individuelles künstlerisches Arbeiten mit Kindern

Wir haben uns natürlich die Frage gestellt, ob es nicht schon genügend Bücher gibt, die Gestaltungsangebote zu Jahreszeiten aufgreifen. Besteht hier nicht die Gefahr, schnell in Klischees zu verfallen?

Wir haben uns zu den Festen und Ereignissen im Jahreskreis viele Gedanken gemacht und haben daraus ganz unterschiedliche künstlerische Angebote und Projekte entwickelt. Dieses Praxisbuch zeigt auf, wie vielseitig und originell der Umgang mit dem „Standardthema Jahreszeiten" durch Kunst-, Literatur- und Medienarbeit sein kann.

Besonders wichtig war uns dabei, dass Kinder genügend freien Gestaltungsraum für ihre eigenen Ideen bekommen.
Viele Angebote wurden nicht nur von uns geplant, sondern sind erst aus der Arbeit mit den Kindern entstanden und weiterentwickelt worden.

Wir wollen künstlerische Techniken, mit denen Kindern gerne arbeiten, vorstellen und eine breite Palette an Materialien und deren Beschaffung aufzeigen, die ein ganz anderes künstlerisches Arbeiten für alle Kinder ermöglichen.

Die Angebote aus diesem Buch sind grundsätzlich angeleitete Vorgangsbeschreibungen. Die Arbeitsweise sollte trotzdem entsprechend der Kinderwünsche frei gestaltet werden und genug Raum für Veränderungen und Variationen gegeben sein.

Je unterschiedlicher die Kinder arbeiten, desto besser. Dies führt zu sehr vielseitigen Bildern und Kunstwerken, die weiteres Potenzial für anschließende Bildbesprechungen bieten. Die Kinder erfahren so, dass künstlerische Gestaltungen immer individuell sind und dass gerade in der Andersartigkeit das Wertvolle liegt.

Nicht die Endergebnisse der Kunstwerke stehen im Vordergrund, sondern die Arbeitsprozesse mit ihren Erfahrungen und Erkenntnissen sowie das Kennenlernen und Handhaben verschiedener Techniken und Materialien.

Die Auseinandersetzung und Kommunikation über das Geschaffene ist auch ein wesentlicher Bestandteil der künstlerischen Arbeit. Die Kunstwerke sollten daher nicht einfach mit „toll" oder „schön" belobigt werden. Vielmehr sollten die Kinder ihre Kunstwerke als individuellen Ausdruck der Persönlichkeit wahrnehmen und sich untereinander darüber austauschen. Auch ein Bild, das vielleicht von den meisten nicht als „schön" beurteilt würde, kann etwas ganz Besonderes sein ...

Materialien fürs bildnerische Gestalten

In Zeiten leerer Kassen wird es für Einrichtungen immer schwieriger, Angebote und Projekte für Kinder zu realisieren, die wenig Geld kosten. Kunst – oder, besser gesagt, eine breit gefächerte Kunsterziehung – ist jedoch ohne einen Grundstock an Materialien nicht möglich. Daher raten wir auf jeden Fall, die stark variierenden Materialpreise zu vergleichen.

Die verschiedensten Farben, Pastellkreiden, Gips, Ton, Papiere, Pinsel und viele andere Materialien bekommen Sie im Künstler-Großhandelsbedarf sehr viel günstiger als in Kindergarten-Bestellkatalogen oder in Bastelläden. Auch die Bestellung im Internet vereinfacht vieles und erspart Ihnen Zeit und Kosten. Viele Dinge, die dem kindlichen Gestaltungsdrang entsprechen, gibt es sogar umsonst. Textilläden verschenken Stoffreste und Knöpfe, Baumärkte haben oft verschiedenartige Holzreste übrig, die sie sonst wegwerfen würden. In Tapetenläden gibt es Tapetenreste umsonst, Druckereien und Copyshops haben große Papierblätter und Pappe zu verschenken, wenn man höflich nachfragt.

Selbst Computer und Drucker werden von Firmen gespendet, wenn sie z.B. neue Geräte anschaffen und die älteren Modelle nicht mehr benötigen. Hier empfiehlt es sich, mit Eltern in Kontakt zu treten, die sich gerne für ihre Kinder engagieren und eventuell über verschiedene Netzwerke und Informationen verfügen.

In einer Art Sammelaktion können Kinder Schachteln, Plastikflaschen und Ähnliches besorgen. In der Natur finden Kinder Äste, Sand, Erde, Blätter und vieles mehr. Es gibt jede Menge Materialien, die gerade für Jungen sehr wertvoll sind und meistens sogar kostenlos besorgt werden können.

Mit diesen Künstler-Großhändlern haben wir gute Erfahrungen gemacht:

Boesner Künstlerbedarf

≫ www.boesner.com

div. Farben, Zeichenmaterial, große Pappen, Pinsel, Hohlkörper, Rahmen, Mappen, Gips, Fachliteratur über Kunst und Kunstpädagogik, eigentlich alles, was das Herz begehrt ...

Dusyma

≫ www.dusyma.de

lufttrocknender Ton, Stabilo Plus, bunte Folien, Krepp-Papier, Fotokarton ...

Foto und Minilabsysteme R. Saal GmbH

≫ www.saal-digital.de

für die Medienarbeit sehr günstige Fotoentwicklung, Poster ...

Onlineshop Rolf Wypyszynski

≫ www.filzwolle-strickwolle.de

kleinere Mengen einer Farbe zu beziehen (z.B. 50g)

Die wichtigsten Materialien in der Übersicht

- Aquarellstifte

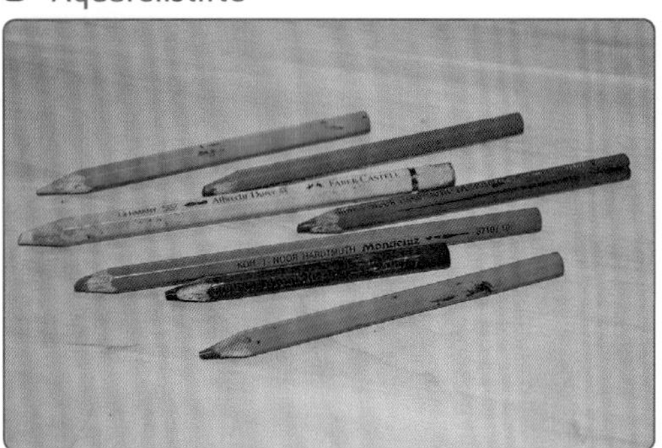

- Pastellkreiden

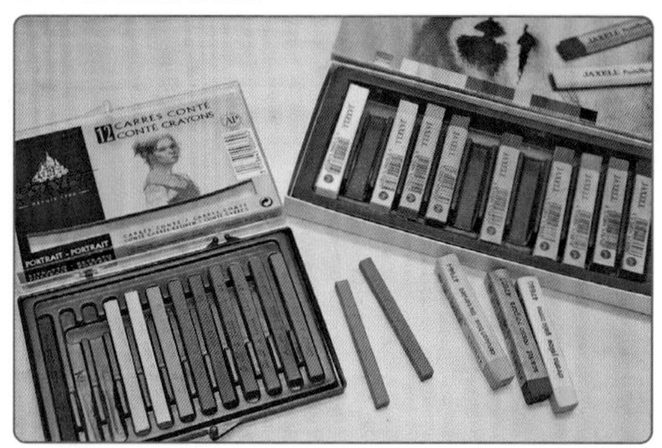

- Wasserlösliche Wachskreiden

- Brennofenton, lufttrocknender Ton

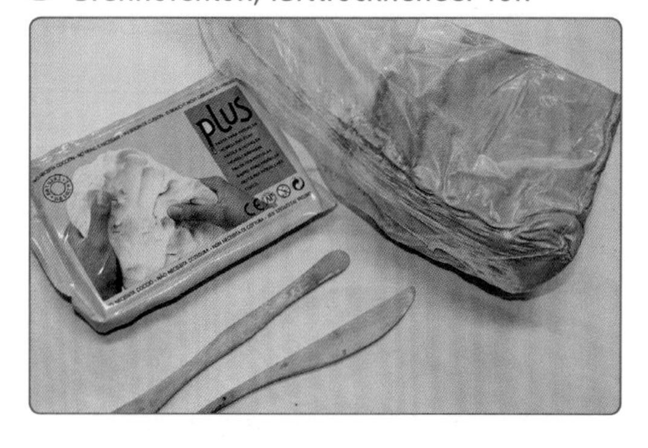

- Leinwände, Holzbretter, bedruckte Servietten

- Verschiedene Pinsel unterschiedlicher Größe

- Filzwolle

- Wasserlösliche Farben und wasserfeste Acrylfarben

Unsere Kunst-Angebote für Frühling und Sommer

Die Beschäftigung mit dem Thema Jahreszeiten kennt vor allem zwei große Aspekte: Die Veränderungen in der Natur und die Feste und Bräuche im Jahreskreis.

Die Übergänge vom kalten Winter zu den ersten Frühlingsanzeichen, über die Sehnsucht der ersten Sonnenstrahlen bis hin zum heißen Hochsommer, bieten **unzählige Anlässe und Impulse, um künstlerisch tätig zu werden.**

Für die Angebote in diesem Buch wurden sowohl Vorgänge und Ausprägungen der Natur als auch typische Feste und Bräuche einbezogen.
Fern von vorgegebenen „Jahreszeiten-Basteleien" **arbeiten die Kinder hier selbst individuell und vielseitig.**

Individuell sein heißt für uns:
Gewohntes und Altbekanntes auch mal verlassen zu können und ganz neue Dinge künstlerisch zu verknüpfen. So erleben die Kinder die Jahreszeiten auf ganz unterschiedlichen Ebenen und lernen vernetztes Denken.

Vielseitig arbeiten heißt für uns:
Arbeiten mit vielen unterschiedlichen Farben und Materialien, wie flüssige Farben, Kreide, Aquarellstifte, Tusche, Gips, Stoff und Ton.
Im Laufe eines Jahres werden die verschiedensten Techniken, wie Zeichnen, Fotografieren, Seidenmalerei, Herstellung von Postkarten, Fertigen von Fotogrammen und plastische Gestaltung, vermittelt.
Mittels ganz unterschiedlicher Materialien und Techniken werden diese Angebote umgesetzt.

Unsere Kunst-Angebote für Frühling und Sommer

Uns geht es insbesondere darum, dass die Kinder Naturphänomene, Bräuche und Feste gestalterisch auf ganz unterschiedlichen Ebenen erleben können. Besonders wichtig dabei ist natürlich, die **Angebote möglichst selbstständig umzusetzen**.

Die Kinder malen, lesen, denken sich eigene Geschichten aus und stellen daraus selber Bücher her. Sie fotografieren digital oder arbeiten im improvisierten Dunkellabor. Sie arbeiten kreativ mit Löwenzahn, machen Studien am Ententeich, fertigen originelle Gips-Schneckenhäuser oder halten ihren letzten Badeurlaub mit eigener Bildsprache fest.

Die Kinder untersuchen und begreifen, sie beobachten und stellen fest. Sie denken und probieren aus, sie erinnern sich und erweitern ihr Wissen. Sie tauschen sich aus und diskutieren, sie genießen die Stille beim Arbeiten und tauchen völlig ab ...

KUNST HIGHLIGHTS im Frühling und Sommer

Kapitel 2

Frühlingsblumen-Filzbild

Materialien

Vlieswolle natur, Kammzugwolle (Weiß, Grün-, Gelb-, Orange- und Lilatöne), Gummi-Autofußmatten, (oder Luftpolsterfolie und Tablett), Olivenseife, Sprühflaschen/Wäschesprenger, Handtücher, Tüll oder ähnlicher Gardinenstoff, warmes Wasser

Tipp

Vlies- und Kammzugwolle sowie Olivenseife sind gut im Internet erhältlich bei verschiedenen „Wollfabriken". Die o.g. Kammzugwollen sind in 100g-Strängen empfehlenswert und reichen für mehr als eine Filzaktion. Vlieswolle ist günstiger und kann daher als stabilisierender Untergrund genutzt werden.

Erste Frühlingsausflüge

Nach Schnee und Eis freuen sich zu Beginn des Frühlings alle auf die ersten Farbtupfer in der Natur. Aus dem tauenden Schnee sprießen weiße Schneeglöckchen, bald folgen blau-lila und orangene Krokusse, später auch die erste gelbe Narzisse. Gemeinsam unternehmen wir einen Ausflug mit den Kindern und gehen auf die Suche nach diesen Blüten, um sie genauer zu betrachten.

Filz-Ideen entwickeln

Zurück angekommen in der Schule, besprechen wir (mit Unterstützung von weiterem Bildmaterial) die unterschiedlichen Blumen und sehen uns nochmals die Farben und Formen der Pflanzen an. Die Kinder haben sich von den Farben und Formen zu einem Filzbild inspirieren lassen. Nassfilzen mit den leuchtenden Farben der Naturwolle, mit warmem Wasser und Seifenschaum ist eine sehr schöne, sinnliche Erfahrung für die Kinder.

Frühlingsblumen-Filzbild

Grundlagen des Filzens erläutern

Filzen ist auch nicht schwer, setzt aber Fachwissen in der Vorbereitung und während des Ablaufs voraus. Für jemanden, der selbst noch nicht gefilzt hat, kann es hilfreich sein, dies für sich einmal auszuprobieren, um ein Gefühl dafür zu bekommen.
Durch Nässe, Wärme und Reibung verfilzen die Wollfasern und bekommen die gewünschte Festigkeit und Struktur, dabei schrumpft die Wolle um bis zu 30%.
Die Gummimatte bietet eine Wasserauffang-Möglichkeit und eine strukturierte Oberfläche zum Filzen in einem.

Los geht's

Zunächst legen die Kinder einen Bilduntergrund mit ungefärbter Vlieswolle auf die Gummimatte. Diese wird in kleinen Wolken möglichst gleichmäßig als dünne erste Schicht aufgelegt. Es dürfen keine sichtbaren Löcher vorhanden sein. Das eigentliche Bild legen die Kinder mit der farbigen, feinen Kammzugwolle. Dazu werden die Wollfasern aus dem Kammzugstrang herausgezupft.

Frühlingsblumen-Filzbild

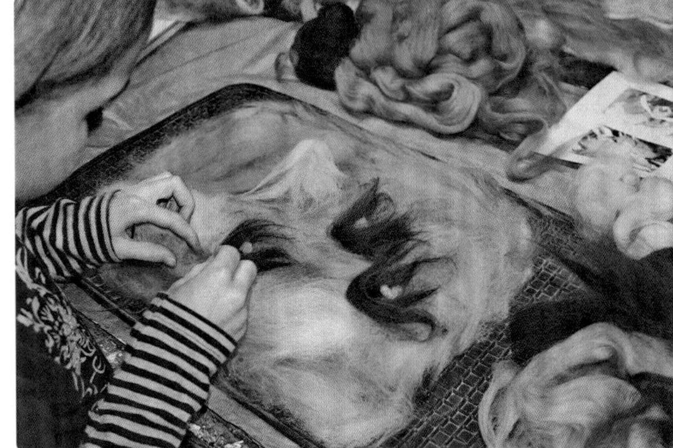

⇛ Einzelne Schichten erstellen

Auf die Vlieswollenschicht legen die Kinder jetzt eine grüne Schicht mit ein bis zwei Grüntönen von der Kammzugwolle. Falls auf dem Bild ein Himmel zu sehen sein soll, wird oberhalb des Bildes Wolle in hellen Blautönen gelegt. Beim Wollelegen zupfen die Kinder immer nur kleine und dünne Stücke ab und legen diese nebeneinander und schräg übereinander. Die Kinder legen nun ihre Frühlingsblumen auf die grüne Wolle. Sie fangen mit der Blüte an. Beim Zupfen der Wolle verwenden die Kinder immer nur ganz wenig Wolle. Je kleiner und feiner die gezupften Fasern sind, desto besser lassen sich die tatsächlichen Formen legen.

⇛ Farben abgleichen

Da es den Kindern um eine möglichst naturgetreue Darstellung geht, vergleichen sie die verschiedenen Farben innerhalb einer Blüte mit den Fotografien von den Krokussen, Schneeglöckchen und Narzissen. Die Kinder zupfen die Farbvarianten ab und legen sie auf die Grundfarbe ihrer Blüte. Danach formen die Kinder die Stängel und noch kleinere Gräser mit unterschiedlichen Grüntönen. Wer möchte, legt zuletzt ein bisschen weiße Wolle hauchdünn an verschiedene Stellen, um den Ausklang des Winters anzudeuten. Das fertige Bild wird mit Tüll oder ähnlichem Gardinenstoff abgedeckt, damit es beim Filzen nicht verrutscht. ⇛

Den Filz verfestigen

Zum anschließenden Befeuchten der Wolle benutzen die Kinder am besten eine Sprühflasche. Die Seifenlauge sollte so warm wie für Kinderhände erträglich verwendet werden. In dem Wasser werden kleine Stückchen Olivenseife aufgelöst und dann in die Flaschen abgefüllt. Die Kinder drücken die abgedeckten Bilder mit den Händen gut an und befeuchten diese mehrmals, damit alles warm und nass wird. Die Ränder dabei nicht vergessen! Die Kinder streichen mit den Händen über die Bilder und reiben dann zuerst vorsichtig und danach fester. Die Bilder fangen dabei an, zu „schäumen". Auf Grund ihrer Schuppenstruktur verhaken sich die Wollfasern durch Feuchtigkeit, Wärme und Reibung zu einer festen Fläche.

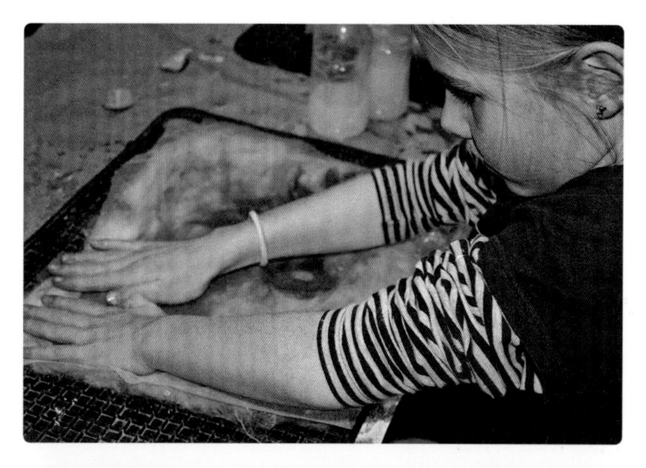

Fertigstellen und trocknen

Nach einer Weile, wenn die Fasern verfilzt sind, ziehen die Kinder das Tuch vorsichtig ab und reiben ohne Tuch weiter mit den Händen hin und her. Wenn die Wolle fest verbunden ist, wird das Bild umgedreht und die Rückseite genauso gefilzt. Zum Schluss wird das Bild unter fließendem Wasser ausgespült, vorsichtig ausgedrückt und wieder in Form gebracht. Lassen Sie die Bilder auf der Heizung trocknen.

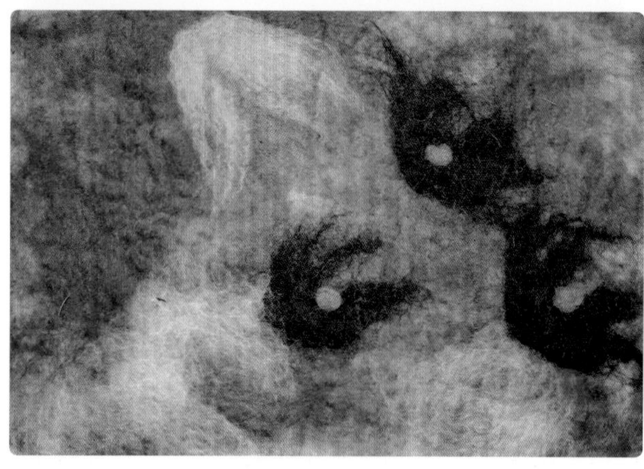

Tipp

Kleben Sie die fertigen Bilder auf einen Untergrund aus Pappe auf, der etwas kleiner ist als die (unregelmäßigen) Ränder des Bildes. So bekommt man Stabilität und die Möglichkeit, einen Aufhänger oder ein Bändchen anzubringen. ■

Große Osterhasen-Skulptur

Materialien

Ton/beliebige Modelliermasse (nur als Formgeber), Tonwerkzeug, Kleister, Alufolie, Zeitungen, bunte Acrylfarben und Pinsel, Holzsockel, Bleistift, Zettel, alte Pappen

Los geht's

Jedes Jahr freuen sich die Kinder aufs Neue auf Ostern. Diesmal erschaffen wir eine dekorative Osterhasenskulptur. Der Ton ist bei diesem Angebot nur der Formengeber und muss auch nicht gebrannt werden. Zuerst skizzieren die Kinder ihren Osterhasen vor. Eine stehende Form eignet sich hier am besten.

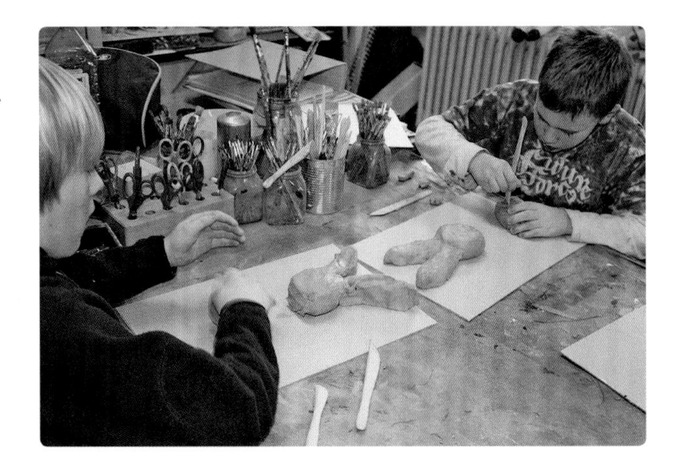

Den Ton vorbereiten

Die Kinder erhalten vorerst zwei Hände voll Ton und kneten diesen gut durch. Dazu benötigen sie unbedingt eine Unterlage, z.B. alte Pappen von Zeichenblöcken oder Holzbretter, auf denen der Hase zusammengebaut wird. Wenn der Hase fertig ist, ist er nämlich ziemlich schwer und im nicht-getrockneten Zustand bricht er schnell auseinander.

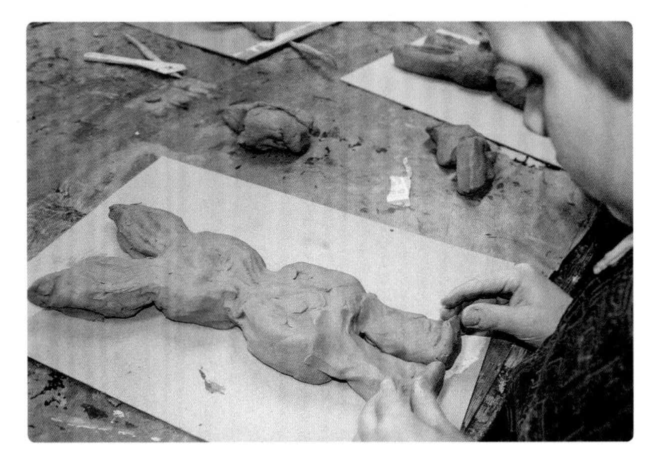

Den Ton formen

Zuerst formen die Kinder den Kopf mit den Ohren – ganz plastisch mit Höhen und Tiefen. Als Hilfsmittel verwenden die Kinder dazu unterschiedliches Tonwerkzeug. Dann erhalten sie neuen Ton und formen den ovalen Bauch des Osterhasen. Die Kontaktfläche wird mit den Fingern glatt gestrichen und dann mit dem Kopf verbunden. Anschließend werden die Beine geformt und an den Körper verstrichen. Die Beine müssen unbedingt gleich lang sein, die Füße werden im rechten Winkel zum Körper gebaut, sodass der Hase später stehen kann.

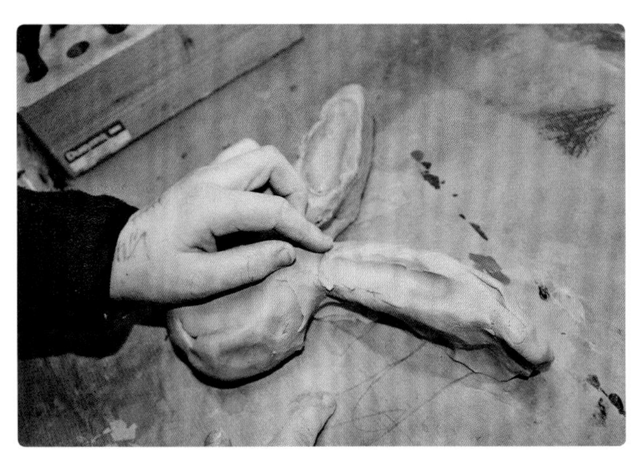

⇛ Folie und Kleistermasse auftragen

Als Nächstes überdecken die Kinder den Hasen mit der Alufolie, dabei helfen sie sich gegenseitig beim Festhalten und Anschneiden. Die Alufolie wird über den Hasen gelegt und vorsichtig auf dem Ton ringsherum angedrückt, bis sie plan aufliegt. Reißt die Folie an einigen Stellen oder fehlt sie, nehmen die Kinder einfach ein Stück neue Folie und legen es über die Lücke. Liegt die Folie ringsherum plan auf, mischen die Kinder Kleister an und reißen kleine Zeitungsstücke. Die Alufolie wird 2- bis 3-mal ringsherum mit Zeitungspapier und viel Kleister umklebt. Die Seiten und Innenseiten nicht vergessen!

⇛ Einkleistern und grundieren

Nach einem Tag ist alles getrocknet und die Zeitung steif. Die Zeitungsschicht wird nun vorsichtig angehoben und von der Tonform gelöst. Die Kinder drehen den Hasen um und füllen ihn mit zerknülltem Zeitungspapier, dann fixieren sie ihn mit Klebeband und bestreichen ihn ebenfalls mit Zeitungspapier und Kleister. Mit einer Grundierung oder weißer Acrylfarbe malen die Kinder den Hasen ringsum an. So ist gewährleistet, dass die Druckerschwärze der Zeitung nicht unter den Farben zu sehen ist. ⇛

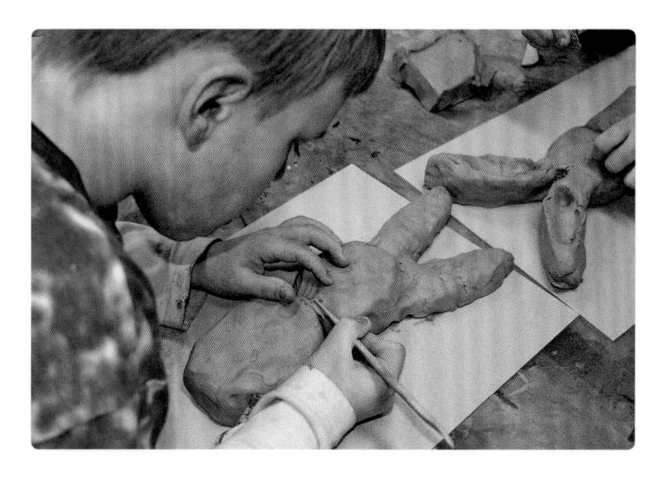

Große Osterhasen-Skulptur

Gestaltung mit Acrylfarben

Nach Trocknung der Grundierung, bemalen die Kinder ihren Hasen mit bunten Acrylfarben. Was trägt der Hase für eine Kleidung? Am besten skizzieren die Kinder die Kleidung vor dem Bemalen vor. Zum Schluss malen die Kinder die „Hasenfarbe" auf, die je nach Wunsch Ocker, Schwarz, Weiß etc. sein kann. Ist die Farbe getrocknet, malen die Kinder zuletzt noch Augen, Nase, Mund auf und kleben Schnurrbarthaare mit Wolle auf. Für eine schöne Präsentationsform wird der Hase mit Starkkleber auf einen Holzsockel geklebt. ■

Noch Fragen?

- **Hat dein Hase einen Namen?**
- **Wo stellst du deinen Hasen auf?**

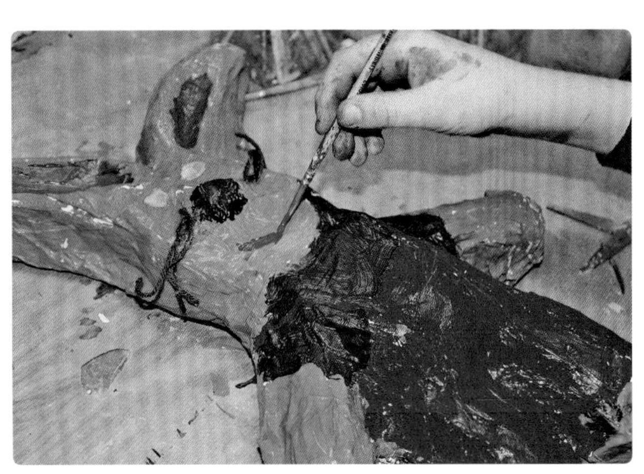

Miniaturhasen

⇛ Los geht's

Dieses Angebot ist eine Variante der „großen Osterhasen" (S. 22) und verwendet das gleiche Material. Die Vorhergehensweise ist auch fast die gleiche wie beim großen Hasen. Die Kinder müssen allerdings den Ton etwas filigraner formen. Die Kinder malen ihre Hasen mit dünnen Pinseln an. Kleine Details können mit Wattestäbchen und Zahnstochern bemalt werden.

⇛ Die Hasen fotografieren

Mit den Hasen geht es ab nach draußen. Die Kinder positionieren sie an verschiedenen Orten und fotografieren sie aus unterschiedlichen Winkeln – am besten aber nicht aus der Vogelperspektive, ⇛

sondern frontal, aus der Hocke heraus. Jedes Kind macht mehrere Aufnahmen und kann das Foto später als Postkarte zum Ostergruß nutzen. ■

Noch Fragen?

- **Was ist das Schönste an Ostern für dich?**
- **Wer bekommt eine Osterkarte von dir?**

Löwenzahn-Fotos

Materialien

Digitalkameras

Das „schönste Unkraut der Welt"

Der Löwenzahn, auch Pusteblume genannt, oder auch „das schönste Unkraut der Welt", ist eine der häufigsten heimischen Pflanzen und breitet sich zwischen März und Mai rasant aus. Auf frisch gemähten Wiesen wächst als Erstes der Löwenzahn wieder hervor. Er liebt sonnige und helle Plätze, wie Wiesen und Ackerränder. Selbst in der Innenstadt ist er auf kleinen, grünen Flächen zu finden. Einzelne Pflanzen blühen bis in den Herbst hinein. Der Löwenzahn regt uns jedes Jahr aufs Neue zu vielseitigen künstlerischen Gestaltungen und Fotoprojekten an.

Löwenzahn-Landart erproben

Gemeinsam geht es zu einer Wiese, zu einem Park oder dem nächsten Stück Grün in der Nähe. Die Kinder gehen auf „Löwenzahnjagd" und pflücken viele Löwenzahnblüten, Stängel und Blätter. Dann legt jedes Kind in Ruhe sein Löwenzahnkunstwerk auf den Rasen.

Kunstwerke fotografieren

Nach Fertigstellung fotografieren die Kinder ihre Löwenzahnbilder. Je nachdem, welches Motiv die Kinder gelegt haben, fotografieren sie aus der Vogelperspektive oder von der Seite. Auf jeden Fall sollten verschiedene Perspektiven und Einstellungen ausprobiert werden.

Perspektiven wechseln

Beim Fotografieren aus der Vogelperspektive können die Kinder z.B. auch zoomen oder aus unterschiedlicher Höhe fotografieren. Wird von unterschiedlichen Seiten, aus der Sonne oder aus dem Schatten oder mit verschiedenen Fokussierungen fotografiert, sieht man auf den Fotos immer eine andere Wirkung, obwohl immer das gleiche Motiv fotografiert wurde. Das ist später bei der gemeinsamen Fotobetrachtung für die Kinder höchst interessant. ■

Löwenzahn-Computerkunst

⇛ Materialien

Computer, Grafikprogramm (z.B. Microsoft Picture It© oder beliebige Freeware), digitale Löwenzahnfotos

⇛ Die Wahl der Grafiksoftware

Mit einigen wenigen Mausklicks ist es heute möglich, digitale Fotos am PC verblüffend zu bearbeiten. In der Kinderkunstschule arbeiten wir auf Grund der einfachen Bedienung noch mit dem älteren Programm „Microsoft Picture It"©. Sie können aber auch jedes beliebige andere Programm verwenden. Die hier verwendeten Basisfunktionen bietet nahezu jede Freeware.
Laden Sie z.B. auf *www.chip.de/downloads* das kostenlose Grafikprogramm „Gimp" herunter. ⇛

⇛ Die Software kennenlernen

Bei diesem Angebot verändern die Kinder ihre Löwenzahnfotos originell, indem sie Teile davon in Schwarz-Weiß umwandeln. Zunächst speichern Sie alle Fotos in einen neu angelegten Ordner, z.B. mit dem Namen „Loewenzahn_Originale". Jedes Kind speichert seine Dateien zusammen mit dem eigenen Namen ab – so findet jeder seine Fotos später schnell wieder.
Starten Sie nun Ihr Grafikprogramm, klicken Sie auf „Öffnen", wählen Sie den Ordner mit den Bildern aus, und klicken Sie auf die zu bearbeitende Datei. Das Foto erscheint nun in dem Programmfenster. Um Flächen des Fotos in Schwarz-Weiß umzuwandeln, wird in der Regel das Werkzeug „Freihandtool" benötigt, welches sich unter „(Auswahl-)Werkzeuge" oder „Bearbeiten" verbirgt!

⇛ Bildausschnitte markieren

Mit dem Freihandtool können die Kinder nun nach Belieben einen Ausschnitt des Bildes markieren und anschließend verändern. Neben dem Freihandtool gibt es meistens auch den so genannten „Zauberstab", der automatisch ähnliche Flächen und Farben zusammen markiert. Hier können die Kinder einfach ausprobieren, welche Bearbeitungs-Möglichkeiten das Programm bietet. Auch wenn es kompliziert aussieht: Kinder gehen meist völlig selbstverständlich mit für sie unbekannten digitalen Medien um. ⇛

Bildausschnitte bearbeiten

Ist die gewünschte Fläche markiert, wandeln die Kinder diese durch den entsprechenden Befehl in Schwarz-Weiß um (oder probieren andere Optionen aus, z.B. Farbumkehr, Filter etc.).
Die Kinder sollten allerdings zunächst nur kleine Flächen bearbeiten, damit sie das Prinzip schnell verstehen und später selbstständig weiterarbeiten können.

Fotos abspeichern

Ist das Foto fertig bearbeitet, speichern die Kinder es in dem Löwenzahn-Ordner unter neuem Namen (z.B. „Loewenzahn_1_Leon_ bearbeitet"), damit das unbearbeitete Originalfoto nicht durch das neue ersetzt wird. ■

Tiere im Löwenzahn

Materialien

Computer, Grafikprogramm (z.B. Microsoft Picture It© oder beliebige Freeware), digitale Löwenzahnfotos

Los geht's

Bei diesem Angebot haben die Kinder weitere Bearbeitungsmöglichkeiten der digitalen Löwenzahnfotos erprobt und mit dem Pinsel-Tool kleine Tiere hineingemalt. Die Fotos des Angebots „Löwenzahnfotos" sind ja bereits im Dateiordner „Loewenzahn_Originale" abgespeichert.

Die Löwenzahnfotos bearbeiten

Die Kinder öffnen die Fotos mit ihrem Namen aus dem Original-Ordner und speichern sie in einem neuen Ordner (z.B. „Loewenzahn_Tiere") wieder ab. Dann geht es an die Bearbeitung. Mit dem Pinsel-Tool des Grafikprogramms malen die Kinder kleine Tiere (z.B. Schmetterlinge oder Marienkäfer) auf ihre Löwenzahnwiese. Im Menü des Pinsel-Tools können in der Regel Pinselstärke, Deckkraft, Farbe und vieles mehr eingestellt werden. So haben die Kinder auch hier unzählige Möglichkeiten der computergestützten Gestaltung.

Weitere Funktionen ausprobieren

Natürlich können die Kinder auch andere Grafik-Tools nutzen oder Bilder bzw. Fotos von kleinen Tieren als Grafikdatei in das Löwenzahnbild einfügen. Meistens entwickeln die Kinder hier schnell technisches Verständnis und nutzen bald mehr und mehr Funktionen des Programms. ■

Löwenzahn-Fotogramme

⇛ Materialien

vollständig dunkler Raum, Löwenzahn, Fotopapier in 24 x 18 cm (für Postkarten 10 x 15 cm), evtl. Leinwände in der gleichen Größe, Entwickler- und Fixierer-Flüssigkeit, Zeitschaltuhr, Löwenzahn, Rotlicht (oder Tischlampe mit Dunkelkammer-Glühbirne), Vergrößerer (oder einfache Lampe), Schalen für Entwicklerbad, Stoppbad, Fixierbad und Wasserbad (4 Schalen), Fotozangen, Wäscheleinen

⇛ Los geht's

Mit dem Löwenzahn entstehen nun tolle Foto-Kunstwerke, und zwar ganz ohne Kamera. Durch Licht, Foto-Chemikalien und Fotopapier entstehen Negativ-Abbildungen des Löwenzahns. Vor der Durchführung erfahren die Kinder einige Grundlagen zur Herstellung von Fotogrammen und lernen die Utensilien kennen. Im Idealfall arbeiten Sie mit ca. 3–6 Kindern in einem vollständig verdunkelbaren Raum.

⇛ Grundlagen der Fotografie

Die Kinder arbeiten auf einem speziellen Papier, das Fotopapier heißt. Das Papier ist lichtempfindlich und daher in einer lichtundurchlässigen Verpackung verstaut. Die Packung darf nur unter einer Rotlichtlampe geöffnet werden. Es darf auf keinen Fall anderes Licht auf das Papier fallen. Solange das Papier in einer lichtundurchlässigen Packung verstaut ist, darf das Weißlicht natürlich noch an bleiben. ⇛

Löwenzahn-Fotogramme

Damit man überhaupt etwas in der Dunkelheit sieht, wird mit einer Dunkelkammer-Glühbirne gearbeitet. Diese ist im Fotofachhandel erhältlich und wird in die Fassung einer ganz normalen Lampe eingeschraubt.

Wichtige Regeln

Besprechen Sie vor dem Angebot wichtige Regeln: Es darf nicht getobt oder gedrängelt werden. Man darf die Papiere nicht mit den Händen, sondern nur mit den Zangen in die Schalen legen. Die Chemikalien sollten möglichst nicht mit den Händen berührt werden. Passiert dies doch, ist dies für die Haut unbedenklich. Dennoch sollten sich die Kinder dann gut die Hände waschen, damit Reste der Flüssigkeit nicht in den Mund genommen oder in die Augen gerieben werden.

Arbeitsschritte kennenlernen

Die Kinder lernen nun die Chemikalien und Geräte kennen, mit denen die Fotogramme entwickelt werden. Für das Entwickeln werden zwei Fotozangen und vier verschiedene Fotoschalen benötigt. Die Fotoschalensollten unterschiedliche Farben haben, damit die Chemikalien später nicht verwechselt werden. Denn alle Flüssigkeiten sehen aus wie Wasser. Vor den Schalen liegt ein Zettel mit dem Namen der jeweiligen Flüssigkeit.

Die erste Flüssigkeit, in die das belichtete Fotopapier gelegt wird, heißt **Entwickler**. Vom Entwicklungsbad wird dann das Bild in die zweite Schale mit **Wasser** gelegt. Dann wird das Bild in die dritte Schale, in das **Fixierbad** gelegt, und als Letztes wieder in ein Schälchen mit **Wasser.**
Alle Fotoschalen stehen nebeneinander, davor liegen die Fotozangen. Die Fotozangen dürfen nur für je eine Chemikalie benutzt werden, da sich die Flüssigkeiten nicht vermischen dürfen. Beim Auffüllen der Schalen mit den Chemikalien werden diese, wie vom Hersteller angegeben, mit Wasser verdünnt.

Aufbewahrungstipp

Die Chemikalien halten sich übrigens mehrere Wochen – dazu müssen sie aber nach Gebrauch in verschlossene Behälter umgefüllt werden. Für den Entwickler sollte der Behälter luftdicht sein, da dieser mit Sauerstoff reagiert. Für den Fixierer reicht ein einfacher Kanister aus. Damit es später bei neuen Angeboten nicht zu Verwechslungen kommt, beschriften Sie die Behälter mit „Entwickler" und „Fixierer".

Vorbereitungen treffen

Bevor es losgeht, überlegen sich die Kinder, wie sie den Löwenzahn abbilden wollen. Denn es gibt viele Möglichkeiten: ein einzelnes Blatt, verschiedene Löwenzahnblüten oder -blätter oder ganz eigene Bildideen. Die Kinder legen im hellen Raum ihre Entwürfe und experimentieren ein bisschen.

Schließen Sie dann die Rollläden oder andere Verdunklungs-Einrichtungen. Es darf kein Weißicht mehr im Raum sein, das Rotlicht ist die einzige Lichtquelle. Dann gewöhnen sich die Kinder an die Dunkelheit.

Ein erster Test

Stellen Sie den Vergrößerer in der Höhe so ein, dass das Licht etwas über die Ränder des Fotopapiers strahlt. Mit einem Test ermitteln wir die richtige Belichtung des Fotopapiers. Die Stellen, auf die Licht kommt, sollen richtig schwarz werden. Bei zu wenig Licht könnte es passieren, dass die Stellen nur grau werden. Die Lichtmenge wird einerseits über die Zeitschaltuhr und andererseits über die Blende des Vergrößerungsobjektivs gesteuert. Durch Drehen des Objektivs werden die Blenden getestet und eingestellt.

Löwenzahn-Negativ herstellen

Das erste Kind nimmt ein Fotopapier aus der Verpackung und verschließt die Folientüte wieder gut. Auf der Rückseite des Fotopapiers wird mit Kugelschreiber der Name des Kindes notiert, damit es später keine Verwechslungen gibt. Die Kinder legen die Löwenzahn-Komposition auf das Grundbrett unter den Vergrößerer. Stellen Sie die Zeitschaltuhr je nach Motiv auf 3 – 10 Sekunden ein, und starten Sie die Belichtung.

Anhand des ersten erzeugten Fotogrammes können die Kinder das Ergebnis der Belichtung sehen und ggf. eine andere Zeit einstellen – entweder mit mehr oder weniger Licht.

Löwenzahn-Fotogramme

Tipp

Anstatt eines Vergrößerers kann auch eine einfache Lampe verwendet werden. Das Prinzip, wie viel Licht in welcher Zeit auf das Papier fällt, ist das gleiche. Dies sollte aber, falls die Materie noch unbekannt ist, vorab ausprobiert werden.

Entwickeln und Fixieren

Das belichtete Fotopapier wird für ca. 90 Sekunden direkt in das Entwicklerbad gelegt und die Schale leicht hin- und hergeschwenkt, damit sich die Flüssigkeit bewegt. Dabei sehen die Kinder schon die ersten Veränderungen. Nach kurzer Zeit werden die belichteten Stellen schwarz, und die Stellen, die der Gegenstand verdeckte, bleiben weiß.
Nun wird das Papier kurz in das Wasserbad gelegt und danach für weitere 90 Sekunden in das Fixierbad.

Erst nach dem Fixierbad darf das normale Licht wieder eingeschaltet werden. Achten Sie darauf, dass das unbenutzte Fotopapier nicht irgendwo herumliegt, sondern in der schwarzen Folie und Verpackungspappe sicher verpackt ist. Das fertige Fotogramm wird erneut in das Schlusswasserbad gelegt, um mögliche weitere Chemiereste auszuwaschen.

Fotogramme aufbereiten

Zum Schluss werden die Fotogramme nochmals unter fließendem Wasser abgespült und zum Trocknen an Wäscheleinen aufgehängt. Sind die Fotogramme getrocknet, stecken Sie sie in eine Klarsichthülle zum Schutz und beschweren diese z.B. mit Büchern, damit sich die Fotogramme nicht wellen.

Mit den Fotogrammen weiterarbeiten

Die Kinder lernen anschließend, wie sie ihr Fotogramm umkopieren können, und fertigen von dem Negativ-Fotogramm ein Positiv-Fotogramm. Alle Teile des Bildes, die vorher schwarz waren, werden weiß und umgekehrt. Zudem wird das Motiv spiegelverkehrt abgelichtet. Voraussetzung ist natürlich, dass die ersten Fotogramme vollständig getrocknet sind.
Die Kinder bereiten den Raum wie gewohnt zum Arbeiten im Dunkellabor vor und nehmen ein neues Fotopapier aus der Tüte.

Sie legen das neue Fotopapier unter den Vergrößerer, und legen darauf das entwickelte Negativfotogramm. Damit die beiden Papiere genau aufeinanderliegen, sollte noch eine Glasscheibe (z.B. aus einem Bilderrahmen) über das Fotogramm gelegt werden.

Positiv-Fotogramme entwickeln

Die Belichtungszeit muss hierfür etwa verdoppelt werden und liegt ca. zwischen 6 und 20 Sekunden. Es wird nämlich mehr Licht benötigt, um aus dem Schwarz ein Weiß zu machen.
Die Kinder entwickeln die Positiv-Fotogramme genauso, wie sie es bei den Negativ-Fotogrammen gelernt haben. Sie sind anschließend sehr überrascht und erfreut über die gelungenen Ergebnisse.

Realität und Abbildung

Für die Kinder ist es unheimlich spannend, zu erfahren, wie aus einem einfachen Raum mit Rollläden ein improvisiertes Dunkellabor entsteht und dass dort eine bis dahin unbekannte Auseinandersetzung von Realität und Abbildung mit einfachsten Mitteln stattfindet.
Die Fotogramme können später noch auf eine Leinwand der passenden Größe geklebt werden und sehen dann wunderschön aus, wenn sie an der Wand hängen. ■

Ententeich zeichnen

Materialien

Papier, stabile Unterlage (Holzbretter oder Papprückseite eines Zeichenblocks), Bleistifte, Kreiden/Aquarellstifte, Decken

Wissenswertes über Enten klären

Bei unseren Streifzügen durch den Park zieht es die Kinder immer wieder zum Ententeich. Vorab klären wir mit den Kindern: Enten sind Wasservögel mit langen Hälsen und kurzen Beinen, deren Vorderzehen durch Schwimmhäute verbunden sind. Deswegen sieht es manchmal auch recht ulkig aus, wenn eine Ente an Land läuft. Ihre Schnäbel sind meist kurz, breit und kräftig. Ihr Körper ist durch ein dichtes Daunengefieder vor Kälte geschützt. Mit dem Gefieder polstert sie auch das Nest aus. Die Küken, die Nestflüchter sind, schlüpfen in einem Daunenkleid.

Die Enten brüten von März bis Juni. Wenn die kleinen Enten schlüpfen, verlassen sie sofort das Nest und werden noch ca. 50 Tage von ihrer Mutter begleitet. Bei uns ist vor allem die Stockente bekannt – diese dient auch als Vorlage für unsere Kunstwerke.

Los geht's

Die Kinder nehmen auf der Decke Platz und beobachten den Teich und das Leben darin genau. Zunächst zeichnen die Kinder den Teich und die Szenerie darum herum mit dem Bleistift vor.

Anschließend gestalten die Kinder das Bild mit unterschiedlichen Mitteln, wie Aquarellstiften, wasserlöslichen Wachskreiden oder Pastellkreiden, weiter aus.

Entenbild ausgestalten

Für kleinere Details, wie z.B. das Entenfell, Sträucher oder Blumen, verwenden die Kinder die Aquarellstifte. Für größere Flächen werden wasserlösliche Wachskreiden genommen. Für den Vorder- und Hintergrund verwenden die Kinder die Pastellkreiden.

Dazu werden die Pastellkreiden vorab durchgebrochen und waagerecht mit der Kante aufgetragen. Beim leichten Aufdrücken und Malen gibt die Kreide weniger Farbe ab, und der Farbauftrag lässt sich besser regulieren.

Zum Schluss verwischen die Kinder die Kreide mit den Fingern und verreiben angrenzende Farbflächen leicht ineinander. Nach unserem Ausflug lösen die Kinder mit einem Pinsel noch die Aquarellfarben und Wachskreiden im Atelier auf. ■

Entenporträts

Materialien

Papier, stabile Unterlage (Holzbretter oder Papprückseite eines Zeichenblocks), Bleistifte, Kreiden/Aquarellstifte, Decken, Haarspray

Enten beobachten

Die Kinder machen es sich auf den Decken bequem und beobachten die Enten. Die Enten beobachten ihrerseits auch bald die Kinder und sind sehr neugierig und zutraulich. Es dauert nicht lange, da kommen einige Enten zu uns.

Enten vorzeichnen

Die Kinder suchen sich die Ente, die sie abzeichnen wollen, aus und zeichnen die Ente mit einem Bleistift vor. Da die Ente das Hauptmotiv ist, wird sie entsprechend groß gezeichnet. Besprechen Sie vorab mit den Kindern die Größenverhältnisse. Die Kinder überlegen außerdem, wo sich die Ente auf dem Bild befinden soll: auf dem Rasen, im Wasser oder gar in der Luft als Flugente?

Die Kinder betrachten genau das Federkleid der Enten und suchen dazu die passenden Kreidetöne heraus. Alternativ kann natürlich auch eine Fantasieente gemalt werden – aber das möglichst originalgetreue Abzeichnen hat natürlich für die Kinder etwas von einer „echten" Künstlertätigkeit.

Die Enten ausgestalten

Die Kinder malen die Ente aus und verwischen die Farben leicht. Beim Auftragen der Kreide mit waagerechtem Farbauftrag sollte mit leichtem Druck oder mit der Kreidespitze gemalt werden. Dann gibt die Kreide mehr Farbe ab.
Zum Schluss gestalten die Kinder den Hintergrund des Bildes weiter farbig aus. Die Bilder sollten unbedingt mit Haarspray fixiert werden, damit die Kreide nicht abfärbt. ■

Enten töpfern

⇛ Materialien

lufttrocknender Ton, bunte (Acryl-)Farben, verschiedene Pinsel, Pappen als Unterlage, evtl. Decken

⇛ Enten aus Ton formen

Die Enten kommen gerne zu uns und stehen für uns Modell! Die Kinder formen mit dem lufttrocknenden Ton, der nicht gebrannt werden muss, zuerst ein Oval für den Körper. Anschließend wird mit einem neuen Stück Ton der Hals angebaut und sofort von allen Seiten verstrichen. Dann modellieren die Kinder einen kleinen Kopf und befestigen den Schnabel daran. Wenn alle angebauten Teile nicht sofort im handwarmen Zustand verstrichen werden, fallen sie später nach dem Trocknen ab.

⇛ Ton-Enten bemalen und fotografieren

Nach einem Tag bemalen die Kinder ihre Enten ganz individuell. Nachdem die Farbe getrocknet ist, geht es wieder zurück in den Park: Hier positionieren die Kinder ihre Enten an unterschiedlichen Stellen: Einzeln und in Gruppen, im Gras, am Teichrand, auf Baumstämmen etc ...
Mit der Digitalkamera werden die Ton-Enten in ihrem Lebensraum verewigt. ■

Ein Enten-Miniaturteich

⇛ Los geht's

Jedes Kind erhält ein bis zwei Hände voll Ton und knetet diesen gut durch. Anschließend formen die Kinder ihre „Lieblingsszene" vom Ententeich nach. Vor allem die Entenmutter mit ihren Jungen hatte es den Kindern angetan.

⇛ Materialien

lufttrocknender Ton, Malmesser, bunte (Acryl-)Farben, dünne Feinhaar-Pinsel

⇛ Die Landschaft ausformen

Zuerst formen die Kinder aus ca. der Hälfte des Tons den flachen Untergrund: Den Teich oder die Wiese. Aus kleinen und mittelgroßen Tonstücken werden die Enten und evtl. Bäume ausgeformt.
Wenn ein Element auf dem Untergrund platziert wurde, muss es sofort feucht mit dem Malmesser verstrichen werden, damit es später nicht abfällt.

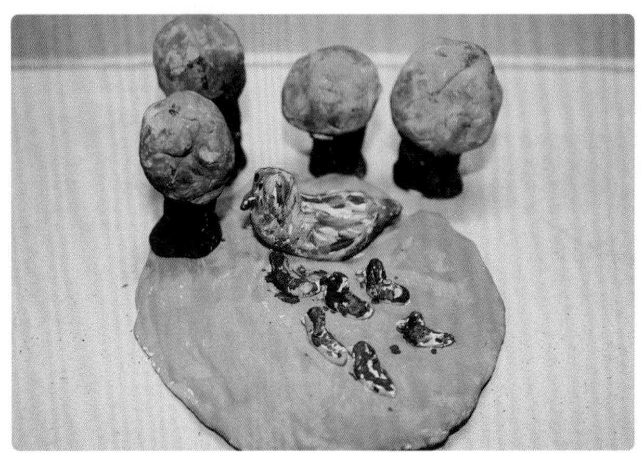

⇛ Die Landschaft bemalen

Nachdem der Ton einen Tag lang getrocknet ist, bemalen die Kinder ihre Landschaft mit verschiedenen Blau- und Grüntönen. Die Enten können ganz individuell mit den dünnen Pinseln angemalt werden. ■

„Gefunden“ – Ein Goethebuch

Materialien

Leinwände, DIN-A2-Papier, Bleistifte, Kreiden, flüssige Farben, Pinsel, Wachskreiden, roter Filz, Stoff, Kleber, Tusche, evtl. Hardcover-Leinenmappen und 120g-DIN-A4-Papier für das Fotobuch

Ein Literaturprojekt anbahnen

Johann Wolfgang von Goethe hat sich in seinen Gedichten viel mit der Natur beschäftigt. Einige seiner Gedichte sind auch schon für Kindergartenkinder und Schulanfänger sehr gut verständlich und künstlerisch leicht umzusetzen. Dies nehmen wir zum Anlass für ein kleines Literaturprojekt.

Die Kinder lernen das Gedicht „Gefunden“ von Goethe kennen, in dem es um den Umgang mit einer Blume geht. Zu den einzelnen Strophen malen die Kinder Bilder und erschließen den Sinn des Textes. An diesem Angebot sollten maximal 6–8 Kinder teilnehmen. Bieten Sie notfalls das Projekt mehrmals an. Außerdem sollten Sie dafür großzügig 5–6 Stunden einplanen, verteilt auf mehrere Tage.

Mit dem Gedicht auseinandersetzen

Die Kinder lernen nun das Gedicht „Gefunden“ von Goethe kennen. Lesen Sie in gemütlicher Runde das Gedicht (S. 45) einmal vor. Wenn die Kinder lesen können, können sie natürlich auch anschließend das Gedicht selbst lesen.
Danach besprechen Sie die einzelnen Strophen und den Sinn des Gedichtes. Hier ergeben sich schon von den Kindern aus interessante Diskussionen und Denkansätze, z.B.: Was bedeutet es, „nichts“ zu suchen? Warum kann das Blümlein sprechen? Warum wird das Blümlein besser ausgegraben als abgebrochen?

„Gefunden“ – Ein Goethebuch

Hintergründe gestalten

Wir betrachten nun die fünf Strophen des Gedichts einzeln. Je nach Zeitbudget sucht sich entweder jedes Kind eine Strophe aus, die es umsetzen will, oder jedes Kind gestaltet alle fünf Strophen.
Zuerst malen die Kinder den in der Strophe beschriebenen Ort mit flüssigen Farben auf die Leinwand (Wald, Wegrand, Garten am Haus). Nachdem der Farbauftrag getrocknet ist, werden die Bilder entsprechend des Strophen-Inhalts mit unterschiedlichen Materialien, wie Kreide, Tusche, Stoff, weiter ausdifferenziert.

Die Blume und den Erzähler hinzufügen

Die Figur (das lyrische Ich, der Erzähler) und die Blume fertigen die Kinder jeweils einzeln aus Stoff und Filz und kleben sie auf die Leinwand. Mit viel Fantasie kleben die Kinder Bäume aus Holzstöcken und Stoff, schneidern ein Kleid oder entwerfen Pilze mit Glitzerkleber. Die Kinder orientieren sich dabei immer an der jeweiligen Strophe.

„Gefunden“ – Ein Goethebuch

➔ Ein Fotobuch gestalten

Die Kinder tippen ihre Texte am PC ab oder lassen dies von einem Erwachsenen tun. Anschließend fotografieren die Kinder ihre Bilder mit einer Digitalkamera, um diese auch im PC zu speichern. Zum Fotografieren verwenden Sie am besten ein Stativ, damit die Bilder nicht verwackeln.
Texte und Bilder fügen Sie am besten mit MS Powerpoint zusammen. Es geht aber auch mit irgendeinem Grafikprogramm und sogar mit MS Word.

Drucken Sie die fertigen Seiten in Farbe aus, und lassen Sie sie entweder im Copyshop zu einem Buch binden, oder verwenden Sie ein einfaches Spiralbindegerät mit Abheftstreifen (fast in jeder Schule vorhanden). Am stabilsten ist eine Hardcover-Mappe. ■

„Gefunden“ – von Kindern illustriert

Ich ging im Walde
so vor mich hin,
und nichts zu suchen,
das war mein Sinn.

Im Schatten sah ich
ein Blümlein stehn,
wie Sterne blinkend,
wie Äuglein schön.

Ich wollt es brechen,
da sagt es fein:
„Soll ich zum Welken
gebrochen sein?"

Mit allen Wurzeln
hob ich es aus,
und trugs zum Garten
am hübschen Haus.

Ich pflanzt es wieder
am kühlen Ort.
Nun zweigt und blüht es
mir immer fort.

Johann Wolfgang von Goethe (1813)

Gartenzwerge

⇛ Materialien

lufttrocknender Ton, Tonwerkzeug, Zahnstocher , Wasser, Schälchen, bunte Acrylfarben, Feinhaarpinsel

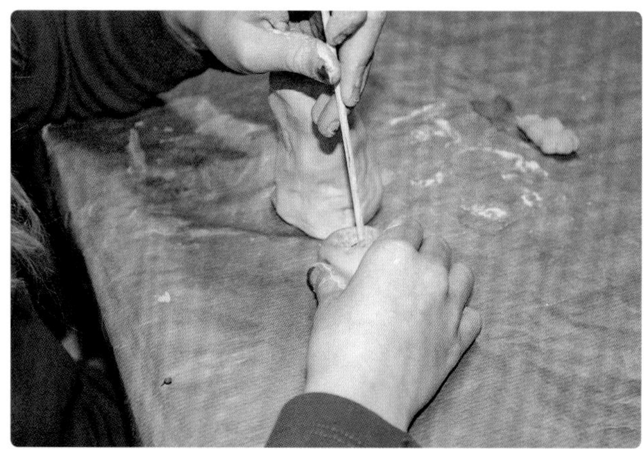

⇛ Los geht's

Wer kennt sie nicht? Die knalligen Gartenzwerge, die oft in Vorgärten zu sehen sind und manches Mal zum Schmunzeln anregen. Nach Schätzungen stehen heute alleine in deutschen Gärten etwa 25 Millionen Gartenzwerge. Kinder finden Zwerge eigentlich immer interessant, sind sie doch oft in Sagen, Märchen, Fantasy- oder Zeichentrickfilmen zu finden.

⇛ Den Körper ausformen

Zu Beginn kneten die Kinder den Ton gut durch, um mit dem Material in Fühlung zu kommen und es warm und geschmeidig zu machen. Zuerst formen die Kinder den Oberkörper. Dazu wird ein großes Stück Ton so über die Tischfläche gerollt, dass eine kurze, dicke, zylinderförmige Rolle entsteht. Ein Ende der Rolle sollte dann stärker über die Tischfläche gerollt werden, damit sich der Zylinder zu einer Kegelform verjüngt. ⇛

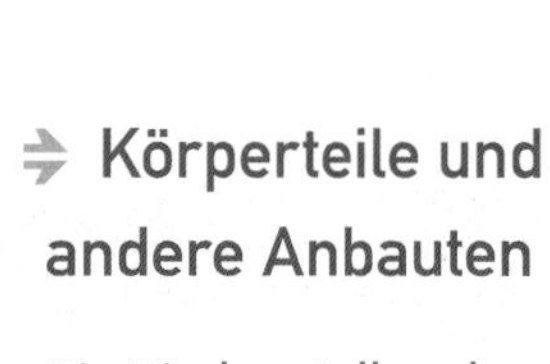

Körperteile und andere Anbauten

Die Kinder stellen den Kegel mit der großen Fläche nach unten auf und klopfen ihn auch oben etwas an, sodass eine stabile Aufstellfläche für den Kopf entsteht. Mit dem Tonwerkzeug rauen die Kinder diesen „Hals" des Zwerges ein bisschen auf. Dann formen sie eine Kugel aus Ton und setzen diese als Kopf oben auf. Den unteren Rand des Kopfes gut und leicht feucht verstreichen, damit er später nicht abfällt.

Die Kinder formen ihrem Zwerg anschließend weitere Körperteile und Utensilien: Arme, einen langen Bart, einen Hut oder eine Zipfelmütze. Eine Zwergenfrau bekam bei uns sogar Zöpfe, einen Schal und eine Handtasche. Alle Anbauten müssen auch hier wieder gut verstrichen werden.

Den Zwerg bemalen

Der Zwerg braucht einen Tag, um durchzutrocknen. Dann kann er von den Kindern mit bunten Acrylfarben bemalt werden. Dazu nehmen die Kinder für Details dünne Feinhaarpinsel. Die Kleidung der Zwerge gestalten die Kinder ganz nach eigenem Geschmack. ■

Noch Fragen?

- **Was erlebt der Zwerg im Garten?**
- **Was ist charakteristisch für einen Zwerg?**

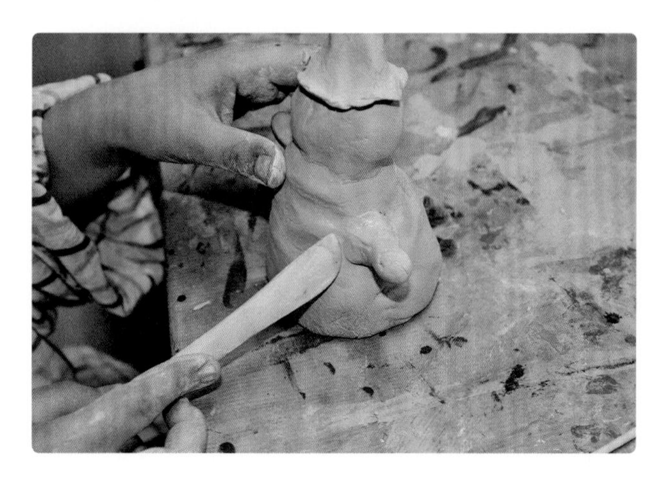

Zwergen- und Elfenwelten

Materialien

Zeichenblätter, Bleistifte, Pastellkreiden, wasserlösliche Wachskreiden, Aquarellstifte

Los geht's

Welten, wo Zwerge, Elfen und Trolle leben, haben ihren ganz eigenen Charme. Als Einstieg in das Thema haben wir uns Bücher über Zwerge und Elfen angesehen und über die Illustrationen gesprochen. Als Wesentliches haben wir die Verschiebung der Größenverhältnisse, den Zeichenstil sowie die Farbgebung herausgearbeitet.

Bildelemente vorzeichnen

Die Kinder zeichnen nun eine eigene Zwergenszene. Dazu überlegen sie sich einen passenden Ort für ihre Figuren. Mit einem Bleistift zeichnen die Kinder die Szenerie vor. Da kann z.B. der Schmetterling viel größer als der Zwerg sein, oder ein Pilz wird zum Pavillon. Elfen fliegen durch die Luft oder schieben einen Kinderwagen. Jedes Kind entwickelt dabei seine eigene Fantasie, alle Zeichnungen sind ganz unterschiedlich in ihrem Stil und Inhalt.

Bildelemente ausgestalten

Die Kinder malen die kleineren Motive zuerst mit Aquarellstiften aus. Dann arbeiten sie mit verschiedenen Malmitteln ihr Bild weiter aus. Einige Kinder benutzen nur die Aquarellstifte, ohne diese mit Wasser aufzulösen, andere arbeiten die Szenerie, Hinter- und Vordergrund nur mit Pastellkreiden aus und verwischen die Kreide mit einem Pinsel. Weitere Kinder wiederum nehmen die wasserlöslichen Wachskreiden und die Aquarellstifte und lösen die Flächen mit einem Pinsel und Wasser auf. So werden die Farben zu Wasserfarben.
Beim Auflösen der Farbe sollte immer von hell nach dunkel gearbeitet werden. ■

Noch Fragen?

- **Was hat deine Szene zu bedeuten?**
- **Erzähle mir eine Geschichte zu deinem Bild!**

Serviettenbilder

Materialien

Serviette mit Motiv-Aufdruck, Serviettenkleber, Pastellkreiden, Minikreiden, verschiedene Pinsel, darunter ein unbenutzter Borstenpinsel, Schälchen, Leinwände

Vorlagenmotiv aussuchen und besprechen

Kunst aus Servietten, oder besser: auf Servietten – das probierten wir aus – mit erstaunlichen Ergebnissen. Auf bedruckten Motiv-Servietten ist die Natur auf ganz unterschiedliche Weise zu finden. Es gibt unzählige Darstellungen von Landschaften, Tieren oder Blumen. Unser verwendetes Motiv hieß „Heimat", Sie können aber natürlich jedes andere Motiv verwenden und verfremden.
Die Kinder lernen bei diesem Angebot, wie sie etwas bereits Fertiges originell verfremden können. Später wird man nicht mehr erkennen, dass die Grundlage nur eine einfache Serviette darstellte ...

Serviettenmotiv fixieren

Wir betrachten gemeinsam das Serviettenbild und überlegen, warum die Serviette „Heimat" heißt und was „Heimat" eigentlich für uns bedeutet. Die Kinder legen die Serviette mittig auf die Leinwand und bestreichen sie mit dem Serviettenkleber.

Zum Verstreichen wird möglichst ein neuer Borstenpinsel genommen und nur einmal überstrichen, damit die Vorlage nicht kaputtgeht und zerreißt.
Die Kinder fangen oben links mit dem Verstreichen an und arbeiten sich von links nach rechts und von oben nach unten vor. Falls die Serviette doch Wellen wirft, einfach in die gleiche Richtung weiterstreichen, nicht die Richtung wechseln!
Zum Schluss verstreichen die Kinder die seitlichen Überreste auf der Leinwandkante.

Serviettenbilder

⇛ Motive verfremden

Die Serviette muss nun einen Tag antrocknen, bevor sie weiter bearbeitet wird. Die Kinder malen nun mit den Pastellkreiden die Landschaft nach. Dabei gestalten die Kinder die Landschaft nach eigenen Wünschen um. Die Bäume können z.B. grob überzeichnet werden, bekommen Äpfel, der Himmel erhält durch eine andere Farbe eine besondere Stimmung, oder die Wiese wird anders angelegt. Dabei arbeiten die Kinder mit unterschiedlichen Tönen einer Farbe. Nach dem Einfärben verreiben die Kinder die Kreide langsam mit einem Borstenpinsel.
Zum Schluss arbeiten die Kinder noch Details mit den Minipastellkreiden aus. Alle Bilder, obwohl sie das gleiche Grundmotiv haben, sehen sehr unterschiedlich und individuell aus. ■

Noch Fragen?

- **Was bedeutet „Heimat“ für dich?**
- **Was passiert auf deinem Bild?**

Sommerblumengarten

Materialien

Servietten mit Blumenmotiv, Naturservietten, Serviettenkleber, Borstenpinsel, dünne Feinhaarpinsel, Leinwände oder Holzbretter, bunte Acrylfarben, kleine Schwämmchen

Los geht's

Im Sommer sind die unterschiedlichsten Servietten mit allerlei Blumenmotiven erhältlich. Aus solchen Servietten lassen die Kinder einen bunt gemischten Sommerblumengarten entstehen. Die Kinder betrachten die unterschiedlichen Servietten und schneiden aus mehreren Exemplaren Blumen, Stängel und sonstige vorhandene Motive aus, die ihnen gefallen.

Serviettenmotiv fixieren

Die Blumen werden nun auf der Leinwand oder Holzscheibe angeordnet, aber noch nicht verklebt. Beim Anordnen überlegen sich die Kinder, ob später auch ein Himmel zu sehen sein soll oder ob der Blumengarten nur im Detail dargestellt wird. Wenn die Kinder mit ihrer Anordnung zufrieden sind, streichen sie den Kleber über die ausgeschnittenen Serviettenteile. Der Kleber braucht einen Tag, um zu trocknen. (Siehe auch: Serviettenbilder S. 50.)

Motive verfremden

Am nächsten Tag begutachten die Kinder ihre Blumen und mischen danach ihre Farben an. Wie im Angebot „Serviettenbilder" verfremden die Kinder auch hier die Motive durch Übermalen mit Acrylfarben.
Zuerst malen die Kinder die Blumen aus und fügen z.B. nach Belieben Blätter und Stängel hinzu. Dazu mischen die Kinder unterschiedliche Grüntöne zusammen.

Sommerblumengarten

Details ausarbeiten

Filigrane Details, wie dünne Stängel, kleine Blätter, Blattadern etc., werden mit einem dünnen Feinhaarpinsel aufgetragen. Zum Schluss kann der Himmel noch mit hellen Blautönen ausgestaltet werden. Um Wolken anzudeuten, arbeiten die Kinder mit kleinen Schwämmchen. Dazu wird etwas weiße Farbe auf den Schwamm aufgetragen und mit der blauen Farbe vertupft. ■

Noch Fragen?

- **Wie heißen die Blumen deinem Bild?**
- **Wie unterscheiden sich eure Bilder voneinander?**

Meeresbilder

Materialien

Acrylfarben in Weiß, Braun, Grün, Rot, Gelb, Leinwände oder Holzbretter, mittelbreite Borstenpinsel, Feinhaarpinsel, kleine Schwämmchen, Bleistifte, Paletten zum Farbenmischen

Los geht's

Die Kinder finden das Meer faszinierend! Sie erzählen vom glitzernden blauen Wasser, seinem Geschmack, dem weiten Blick zum Horizont, seinen Wellen in verschiedenen Größen und Formen. Sie berichten über die Schiffe, Boote, Tiere, Pflanzen und Inseln, die man dort entdecken kann. Viele können eigene Geschichten und Erfahrungen aus dem Sommerurlaub mitteilen ...

Meer und Horizont vorzeichnen

Nachdem die Kinder über den Horizont und die verschiedenen Größen und Formen der Wellen gesprochen haben, zeichnen sie mit dem Bleistift die Horizontlinie in der oberen Hälfte ihrer Leinwand von links nach rechts ein. Diese Linie kann gerade, aber auch wellig gezeichnet werden. Dann werden verschiedene Blautöne und Weiß auf eine Palette gegeben. Nun arbeiten die Kinder mit mittelbreiten Borstenpinseln und malen vielfältige Wellenformen mit den unterschiedlichen Farben auf die Leinwand.

Meeresbilder

Dynamische Wellenlinien

Der Fantasie sind keine Grenzen gesetzt, was die Form der Wellen betrifft: rund, eckig, hoch, klein, überschäumend, strudelnd etc. Neben den Wellenformen malen die Kinder noch Linien in derselben Form mit anderen Blautönen. Die gemalten Linien sollen sich möglichst nicht überkreuzen. So entsteht nach und nach eine Vielzahl von Wellen und Formen.
Dies wird so lange fortgesetzt, bis der ganze Leinwandbereich unter der Horizontlinie mit verschiedenen Blautönen in Wellenform bedeckt ist. Die Kinder mischen aus den verschiedenen Blautönen neue eigene Blaunuancen.

Leben ins Meer bringen

Im nächsten Schritt tupfen die Kinder über der Horizontlinie den Himmel mit einem Schwämmchen in der Farbe Hellblau. Um Zufallseffekte und Unregelmäßigkeiten zu erzielen, wie sie auch am echten Himmel mit Wind und Wolken vorkommen, wird der Schwamm zwischendurch in die weiße Farbe getupft, um möglichst natürliche „Himmelstöne“ hinzubekommen.

Nachdem der Hintergrund getrocknet ist, zeichnen die Kinder mit Bleistift Inseln, Tiere und Pflanzen aller Art auf. Anschließend werden die Zeichnungen mit bunten Acrylfarben ausgemalt. ■

Schwimmer und Surfer

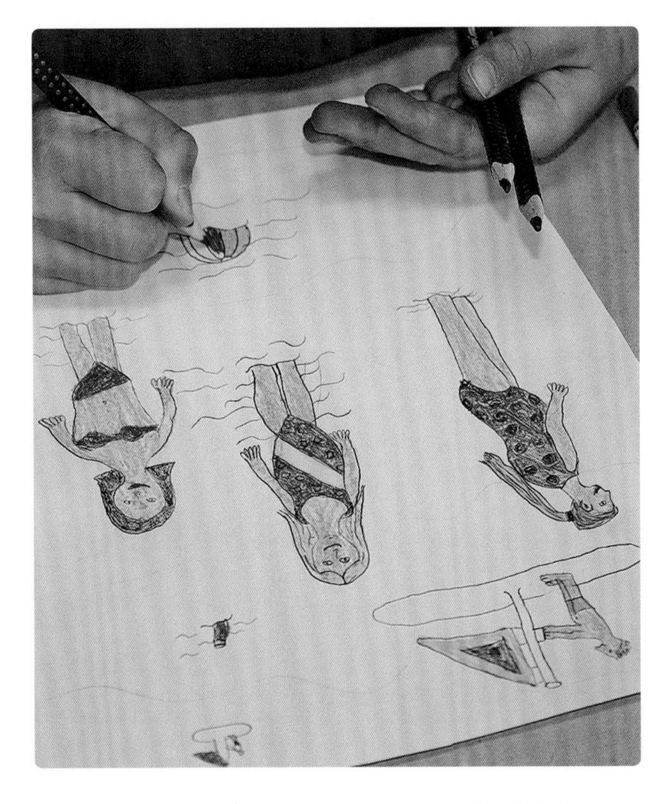

⇛ Materialien

Papier in DIN-A2, Bleistifte, Aquarellstifte, Buntstifte, Pastellkreiden

⇛ Los geht's

Mit großer Begeisterung berichten uns die Kinder regelmäßig von ihren Badeausflügen am Strand. Im Meer, da wird geschwommen, geplanscht, Ball gespielt und – je nach Badeort – die tollen Surfer beobachtet. In tollen Bildern halten wir die Erinnerungen aus den Ferien fest.

⇛ Die „Hauptfiguren" zeichnen

Die Kinder zeichnen mit einem Bleistift ihre Lieblingsszene auf das Papier. Dabei werden zuerst nur die Figuren, die später im Mittelpunkt stehen sollen, auf das Papier gebracht. Die Kinder ordnen die Schwimmer und Surfer mittig an, aber versetzen sie leicht in der Höhe, damit sie später unterschiedlich „weit" im Meer stehen. ⇛

Schwimmer und Surfer

⇛ Individuelle Details hinzufügen

Schnell sind die Kinder wieder im Urlaubsgeschehen und erzählen sich, dass sie viele Möwen gesehen haben, eine Wasserschlacht veranstaltet haben und dass sogar eine Flaschenpost im Meer trieb. Diese einmaligen Details machen die Zeichnungen ganz individuell.

⇛ Objekte und Hintergrund anmalen

Die Kinder malen die Figuren, Tiere und Gegenstände mit Buntstiften aus. Die Wellen werden mit wasserlöslichen Wachskreiden oder Aquarellstiften linienförmig und dezent um die Badenden gezeichnet.
Um das Wasser noch etwas echter und in Bewegung darzustellen, lösen die Kinder mit einem Pinsel und wenig Wasser ein paar Wellen direkt an den Beinen der Personen im Meer auf. Mit der Pastellkreide gestalten die Kinder den Himmel aus. ■

Noch Fragen?

- **In welchem Urlaubsgebiet bist du gewesen?**
- **Erzähle von deinem Badespaß!**

Urlaubszeichnungen

➾ Materialien

DIN-A2-Papier, Bleistifte, Buntstifte, Pastellkreiden, Wachskreiden

➾ Los geht's

Wenn die Kinder aus dem Urlaub kommen, berichten sie gerne über ihre Erlebnisse und spannendsten Momente. Die Kinder schreiben einen kurzen Text über ihre schönste Urlaubserinnerung. ➾

Dann malen sie mit Buntstiften oder Wachskreiden ihre Bildidee. Der Himmel wird mit Pastellkreide ausgestaltet. Zum Schluss werden die wasserlöslichen Wachskreiden mit Wasser aufgelöst. Das Bild sieht nun aus, als wäre es mit besonders edlen Wasserfarben gemalt worden. ➾

Italien

Caprino
In Caprino war zwar unser Ferienhaus &
aber wir waren meistens in Garda. Wir sind
meistens in ein Restaurant. In einem
Freibad namens Cavour sind wir immer
schwimmen gegangen. Da waren
ganz ganz viele Rutschen und Schwimm-
bäder. Mit meiner Schwester bin
ich immer Wettgerutscht. Tauchen
konnte man auch ganz toll.
Manchmal haben wir uns 30 min.
ausgeruht.

Anna N.

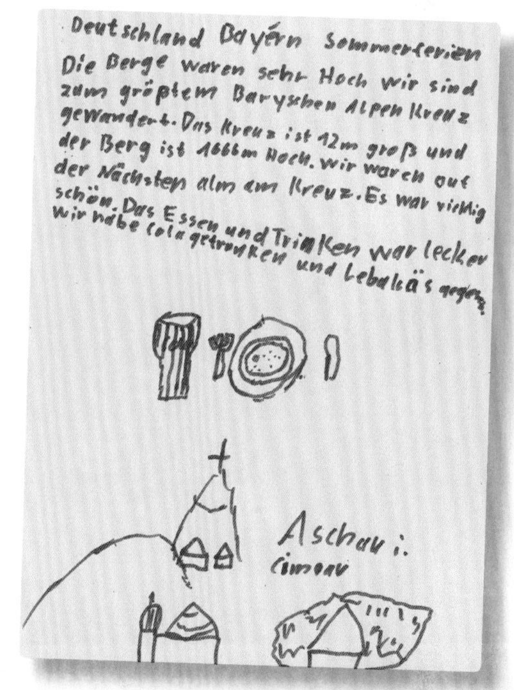
Deutschland Bayern Sommerferien
Die Berge waren sehr Hoch wir sind
zum größtem Baryschen Alpen Kreuz
gewandert. Das Kreuz ist 12m groß und
der Berg ist 1666m Hoch. wir waren auf
der Nächsten alm am Kreuz. Es war richtig
schön. Das Essen und Trinken war lecker
Wir habe Cola getrunken und Leberkäs gegessen

Aschau i.
Cimgau

Urlaubszeichnungen

URLAUB iN Spanien 2009
Wir waren in Spanien.
Dort wares serh schön.
Wir waren oft am Strand.
Meine Mutter ist abends am Strand
geritten. Wir waren oft im Meer.
Meine Schwester hat Seepferdchen
gemacht. Ich hatte ~~9~~ Geburtstag
und bin 9 Jahre geworden.

Lilli H.

Muschel-Stillleben

Los geht's

Es vergeht kein Sommer, ohne dass uns die Kinder stolz ihre Fundsachen vom Meer mitbringen und zeigen. Muscheln und Schneckenhäuser der unterschiedlichsten Art, Federn und Seesterne.

Materialien

Muscheln, Schneckenhäuser, Federn, Leinwände, bräunlicher Stoff, Mini-Pastellkreiden, Bleistifte, Aquarellstifte

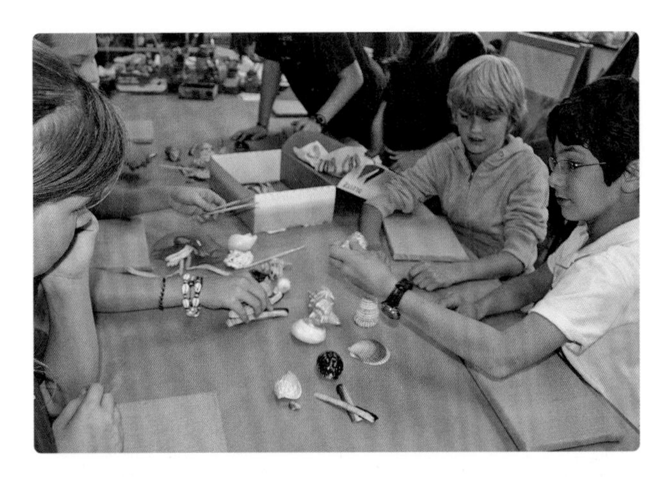

Im Urlaub haben die Kinder auch ganz besondere Muschelsammlungen gekauft, die man nicht unbedingt am Strand findet.

Vorbereitungen treffen

Die Kinder zeichnen eine Muschelkomposition auf einen bräunlichen Stoff, da dieser sehr schön mit den Muschelzeichnungen harmoniert. Der Stoff wird an allen Seiten 2 cm größer als die Leinwand geschnitten und straff über die Leinwand gespannt. Mit einem Tacker befestigen die Kinder den Stoff auf der Rückseite der Leinwand.

Stillleben legen und zeichnen

Gemeinsam betrachten wir die Muscheln und sprechen über Formen und Farben. Jedes Kind sucht sich Muscheln und andere Fundsachen aus und legt sein eigenes kleines Muschel-Stillleben. Anschließend zeichnen sie das Stillleben mit einem Bleistift ab.

Muschel-Stillleben

⇛ Details ausarbeiten

Danach arbeiten die Kinder mit den ganz dünnen Pastellkreiden weiter und malen die Zeichnungen entsprechend aus.
Die Muscheln und Schnecken, aber auch Federn haben meistens mehrere Farben oder fließende Übergänge. Eine naturgetreue Darstellung erreichen die Kinder, indem sie die Farben genau abstimmen, auftragen und dann mit einem Pinsel ineinander verwischen. Zum Schluss arbeiten die Kinder mit Buntstiften feine Details, wie Flecken oder Punkte, heraus, die auf den Muscheln und Schneckenhäusern zu sehen sind, und malen dabei auf dem Kreideauftrag. ■

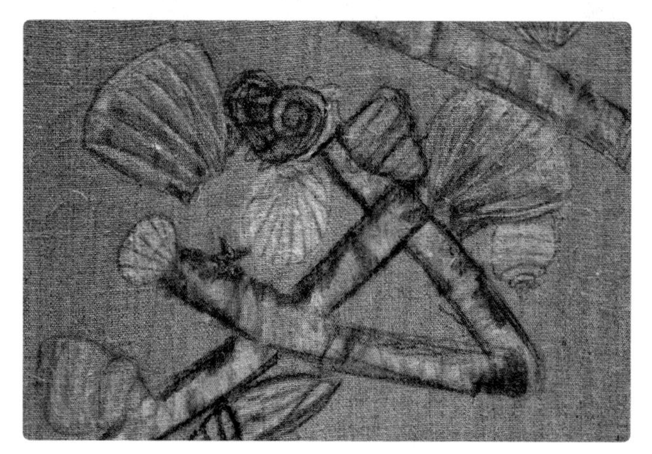

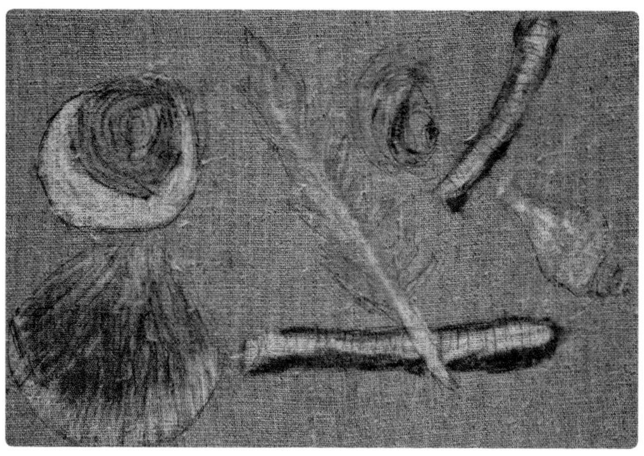

Muschelcollage

⇛ Materialien

unterschiedliche Muscheln, Schneckenhäuser, Büttenpapier der Größe 10 x 15 cm und 10 x 10 cm, Bleistifte, Minikreiden, Bilderrahmen

⇛ Los geht's

Aus zwei verschiedenen Muschelzeichnungen und zwei Fotografien entsteht eine originelle Muschelcollage auf Büttenpapier. Die Kinder betrachten zunächst die Muscheln und Schneckenhäuser. Wir sprechen über die Farben, Formen, Strukturen und die Größe der Mitbringsel und Fundstücke.

Jedes Kind bekommt zwei Büttenpapiere der Größe 10 x 15 und 10 x 10 cm. Die Kinder suchen sich (je nach Größe der Muschel oder des Schneckenhauses) für das größere Büttenpapier zwei bis drei Muscheln, für das kleine Büttenpapier ein bis zwei Muscheln oder Schneckenhäuser aus. ⇛

Muschelcollage

⇛ Die Collage anordnen

Die Kinder ordnen die Muscheln auf dem Papier an und probieren verschiedene Kombinationen aus. Ist die gewünschte Kombination gefunden, werden die Muscheln zum Abzeichnen neben das Büttenpapier gelegt. Mit den Minipastellkreiden malen die Kinder ihre Zeichnungen aus. Dabei malen sie auch die Farbverläufe mit den verschiedenen Kreidetönen nebeneinander und verwischen diese mit einem dünnen Pinsel ineinander. ⇛

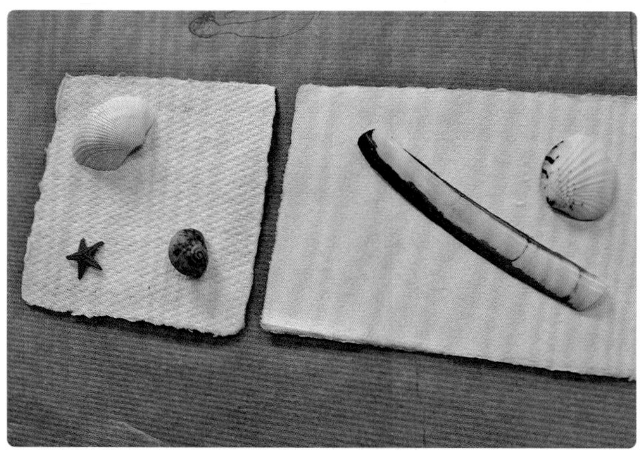

Muschelcollage

Die Collage fotografieren

Die Kinder legen die Muscheln, die sie gezeichnet haben, in derselben Anordnung auf das Büttenpapier und fotografieren diese aus der Vogelperspektive. Mit zwei Hockern und einem Brett entsteht eine Fotostation. Die Fotos werden auf dem Büttenpapier ausgedruckt, und die Ausdrucke auf das gleiche Maß geschnitten wie die Zeichnungen. Die vier Büttenpapiere können nun auf zugeschnittenes Büttenpapier geklebt und gerahmt werden.

Die Kinder sind total begeistert von der Muschelcollage und vergleichen die gezeichneten Gegenstände mit den Fotografien. ■

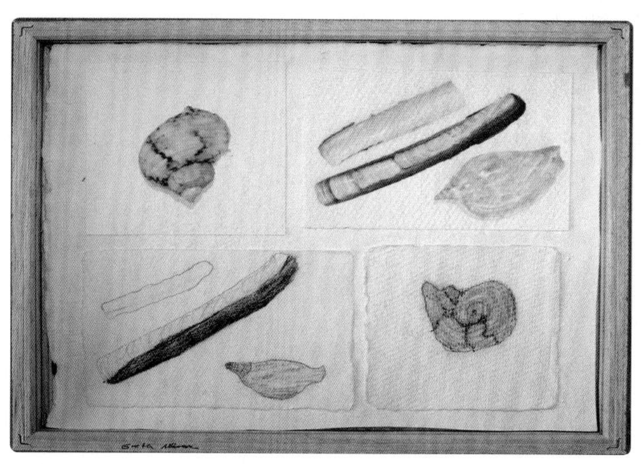

Gips-Schneckenhäuser

Materialien

Muscheln und Schneckenhäuser, Gips, Gummi-Gipsbehälter, lufttrocknender Ton, bunte Acrylfarben, dünne Borstenpinsel, Feinhaarpinsel, Zahnstocher, Speiseöl

Los geht's

Die Kinder lernen, wie sie mit ein bisschen Ton und Gips ein Schneckenhaus original abformen können, und schaffen so originelle Plagiate. Zunächst betrachten die Kinder die Schneckenhäuser und suchen sich eines aus, das sie abformen wollen. Jedes Kind bekommt zwei große Hände Ton, der zu einer Art Kugel geformt wird.

Schneckenhaus-Negativ herstellen

Das Schneckenhaus sollte ein wenig mit Speiseöl eingerieben werden, damit es sich wieder besser aus dem Ton lösen lässt. Dann stecken die Kinder das Schneckenhaus tief in den Ton und ziehen es vorsichtig wieder heraus.
Die Kinder rühren den Gips mit Wasser in einem Gummibehälter an. Für die ersten Abformversuche mischen sie nur eine kleine Portion Gips nach dem vorgegebenen Mischverhältnis an (steht auf der Verpackung).

Gips-Schneckenhäuser

Den Gips anrühren

Die Kinder füllen den Gummibehälter ein Viertel mit Wasser und fügen mit einem Esslöffel Gips hinzu, bis die Masse dickflüssig ist. Währenddessen wird der Gips mit dem Wasser verrührt.

Zum Umrühren des Gipses eignet sich ein alter Pinsel oder Stöckchen. Der Gips darf aber auch nicht zu dickflüssig werden, da er dann innerhalb von Sekunden abbindet und nicht mehr auszuschütten ist.
Um dafür ein Gefühl zu bekommen, mischen die Kinder immer nur kleine Portionen Gips.

Gips und Tonform zusammenführen

Wenn die Masse etwas dickflüssig wird, schütten die Kinder den Gips schnell in die Tonform. Schnell wird der Gummibehälter weitergereicht, und das nächste Kind schüttet den Gips in seine Tonform. Innerhalb weniger Minuten härtet der Gips aus.
Nach ca. fünf Minuten entfernen die Kinder die Tonmasse und legen das Schneckenhaus auf ein Brett. Der Vorgang wird noch mit anderen Schneckenhäusern und Muscheln beliebig oft von den Kindern wiederholt - mit dem gleichen Stück Ton.

Gips-Schneckenhäuser

Die Gips-Schneckenhäuser bemalen

Die Gipsschneckenhäuser trocknen einen Tag durch und werden dann von den Kindern mit Acrylfarben bemalt. Die Kinder suchen sich dazu die Schneckenhäuser aus, die sie abgeformt haben, und mischen die Farbtöne entsprechend dem Original.

Als Grundfarben reichen Weiß, Grün, Ocker und Schwarz völlig aus, um viele verschiedene Farben zu kreieren. Aus Grün und ein bisschen Weiß entsteht ein Mintton. Aus Ocker und ein wenig Schwarz entsteht ein Braunton, wird ein bisschen Weiß hinzugemischt, sieht das Braun schlammig aus.
Mischt man anstatt Weiß etwas Grün oder Gelb hinzu, verändert sich der Braunton. Die Kinder haben eine Riesenfreude am Mischen und tun dies wie richtige Profis!

Noch Fragen?

- **Erzähle, wo du die Schneckenhäuser gefunden hast?**
- **Weißt du, welche Schnecken darin gelebt haben?**

Details ausarbeiten

Mit Feinhaarpinseln malen die Kinder noch hellere und dunklere Streifen, Punkte und andere Farbabweichungen auf, die auf den Original-Schneckenhäusern zu sehen sind. Für besonders kleine Details können auch Zahnstocher verwendet werden. Nach dem Trocknen vergleichen die Kinder ihre Gips-Schneckenhäuser mit den Originalen: Viele sehen zum Verwechseln ähnlich aus. ■

Große Ton-Erdbeeren

Materialien

Erdbeeren, lufttrocknender Ton, Tonwerkzeug, Window-Colors in Rot, Grün, Gelb, dünne Borstenpinsel

Los geht's

Von Ende Mai bis Ende August werden in Deutschland Erdbeeren aus dem Freilandanbau geerntet. Es gibt über 1000 verschiedene Erdbeersorten, die sich in Größe, Struktur, Farbe und Geschmack unterscheiden. Einige davon haben wir als Anschauungsmaterial mitgebracht ...

Erdbeeren und Blätter formen

Gemeinsam betrachten wir die unterschiedlichen Formen der Erdbeeren. Jedes Kind erhält ein Päckchen Ton. Dies reicht für den Bau mehrerer großer Erdbeeren aus. Die Kinder kneten den Ton gut durch. Dann formen sie nach Vorlage der Original-Erdbeeren Duplikate aus dem Ton. Anschließend setzen die Kinder großzügig geformte Erdbeerblätter daran und verstreichen diese gut von allen Seiten mit dem Tonwerkzeug. So werden diese nicht zu dünn und zerbrechlich.

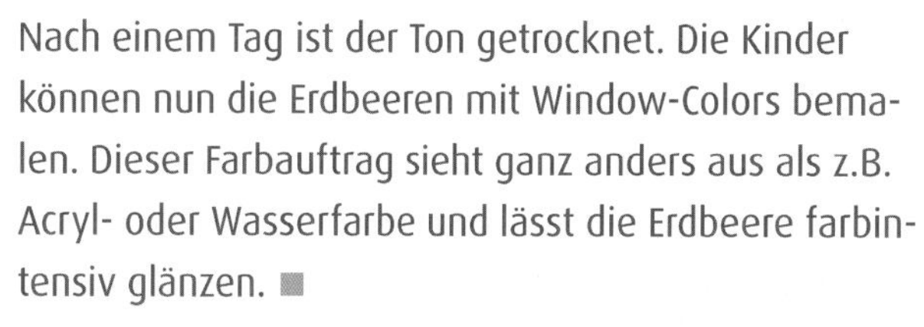
Nach einem Tag ist der Ton getrocknet. Die Kinder können nun die Erdbeeren mit Window-Colors bemalen. Dieser Farbauftrag sieht ganz anders aus als z.B. Acryl- oder Wasserfarbe und lässt die Erdbeere farbintensiv glänzen. ■

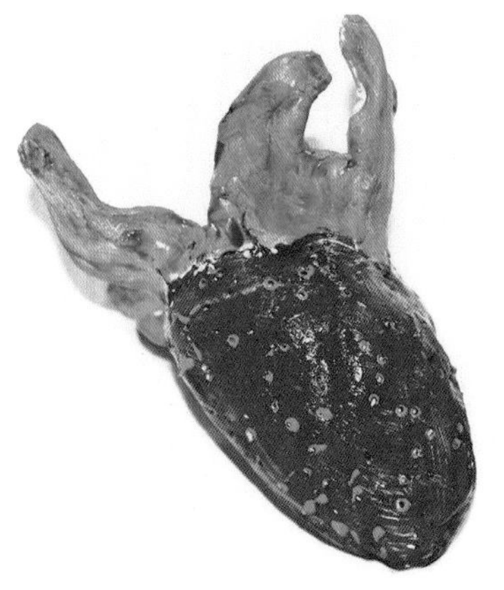

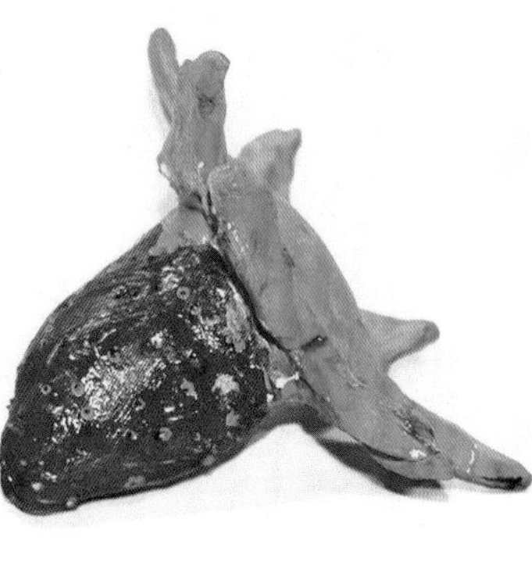

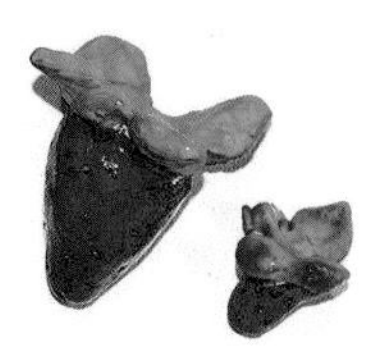

Erdbeer-Torteletts

Materialien

Gummieimer, Teller, Löffel, Messbecher mit Wasser, Tortelett-Formen, Kernseife, Servietten mit Erdbeermotiven, Serviettenkleber, Acrylfarben in Weiß, Gelb, Braun

Los geht's

Alle Kinder lieben Kuchen und natürlich Erdbeeren. Mit Tortelett-Formen, Gips, Servietten und etwas Farbe entstehen „leckere" Erdbeer-Torteletts fürs ganze Jahr. Als Erstes stellen wir selber Flüssigseife her, indem wir ein bisschen Kernseife mit dem Messer abschaben und mit Wasser in eine Flasche füllen.

Den Gips anrühren und einfüllen

Dann streichen die Kinder mit einem Pinsel die Tortelett-Förmchen mit ein bisschen Flüssigseife ein. Dies dient (wie das Einfetten beim Backen) dazu, dass sich der Gips später gut von der Metallform trennt. Die Kinder mischen nach dem vorgegebenen Mischverhältnis eine kleine Portion Gips im Gummieimer an und schütten die zähflüssige Masse direkt in das Tortelett-Förmchen. Wenn der Gips zu dickflüssig ist und nur langsam aus dem Behälter fließt, nehmen die Kinder einen alten Löffel zu Hilfe, damit der Gips möglichst schnell in das Förmchen fließt.

Erdbeer-Torteletts

Den Gips abbinden lassen

Dann formen die Kinder aus einem Stück Blumendraht ein „U" und stecken ihn am oberen Rand der Form in den Gips. Der Blumendraht ist zum späteren Aufhängen an die Wand gedacht. Der Gips bindet ab, und die Kinder können fühlen, wie der Gips warm wird.

Das Abbinden dauert ca. 10 –15 Minuten. In dieser Zeit schneiden die Kinder die Erdbeer-Motive aus der Serviette und legen sie beiseite. Wenn der Gips fertig abgebunden ist, nehmen ihn die Kinder aus der Form.

Erdbeer-Motive auftragen

Der Gipskuchen wird mit einer Farbe angemalt, die einem echten Kuchenteig gleicht. Die Kinder mischen diese Farbe selber aus den Farben Gelb, Weiß und Braun und tragen die Farbe auf.
Wenn die Farbe getrocknet ist, platzieren die Kinder ein Erdbeer-Motiv auf den Kuchen und pinseln mit dem Serviettenkleber vorsichtig und mit leichtem Druck über die Erdbeere. Im Laufe der Zeit entstehen so noch unzählige neue Fantasiekuchen. ■

Fische zeichnen

⇛ Materialien

Bücher/Lexika über Fische, wasservermalbare Wachskreiden, Buntstifte, Acrylfarben, Schälchen Wasser, Bleistift

⇛ Inspiration in Büchern holen

Gebannt blättern die Kinder im Fischlexikon und sehen sich die Bilder von den faszinierenden Unterwasserwelten an. Schließlich ist der Sommerurlaub leider vorbei. Die Bücher erinnern die Kinder noch einmal an das Meer und die schöne Sommerzeit. Am meisten sind die Kinder von den Fischen angetan, die wunderbar schillernde Farben haben oder bunt und ausgefallen aussehen.

⇛ Die Fische vorzeichnen

Jedes Kind sucht sich Fische aus dem Tierbuch aus und zeichnet mit einem Bleistift mehrere Fische ab. Dabei wird die genaue Form des Fisches beachtet und möglichst originalgetreu abgezeichnet.
Die Kinder ordnen die Fische nach Belieben auf dem Blatt an. Sie zeichnen auch Meerespflanzen und Steine in ihre Unterwasserwelt.

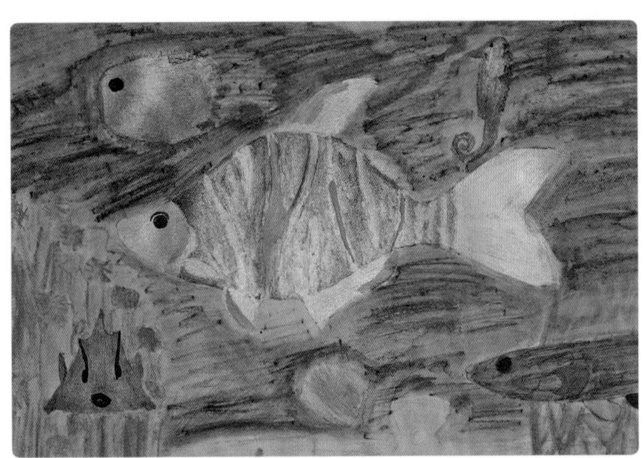

Die Fische ausmalen

Die Kinder malen die Fische und Algen mit unterschiedlichen Farben aus. Dabei verwenden sie die wasserlöslichen Wachskreiden und Buntstifte, aber auch bunte Acrylfarben und Metallic-Acrylfarben. Durch die Metallic-Acrylfarben bekommen die Fische ihren tollen Glanz und schimmern bunt.

Den Hintergrund ausgestalten

Zum Schluss malen die Kinder das Wasser als Hintergrund aus. Das Wasser gestalten sie ganz individuell entweder mit Pastellkreiden oder mit wasserlöslichen Wachskreiden.
Die Kinder arbeiten dabei mit verschiedenen Blautönen und lösen die Kreiden anschließend mit Wasser auf. Einige Kinder kombinieren wieder die unterschiedlichen Stifte und Farben im Hintergrund. Dies macht die Bilder sehr lebendig. ■

Äpfel filzen

⇛ Materialien

Styropor-Kugeln in unterschiedlicher Größe, naturfarbene Vlieswolle (ca. 2 Hände voll pro Kind), Kammzugwolle in Rot-, Grün- und Gelbtönen, Noppenfolie, Gummimatten, Olivenseife, Schüsseln, Ästchen für den Stiel, Draht, Brenn-/Kantholz aus dem Baumarkt

⇛ Los geht's

Im Spätsommer werden die Äpfel reif, und die Ernte kann beginnen. Die Kinder fertigen sich einen ganz individuellen, dauerhaft haltbaren Filzapfel an. Gemeinsam sprechen wir über das Wachstum des Apfels und die verschiedenen Apfelsorten.
Jedes Kind überlegt sich vor dem Nassfilzen, wie sein Lieblingsapfel aussehen soll, und legt sich Kammzugwolle in den entsprechenden Farben zurecht. Der Apfel darf natürlich auch mehrere Farben haben. Ganz wichtig ist, dass die Wolle, die später umgelegt wird, nicht nass wird. ⇛

Mit dem Filzen beginnen

Zur Vorbereitung füllen die Kinder warmes Wasser in die Schalen und lösen ein bisschen Olivenseife darin auf. Dann legen sie um die Styropor-Kugel eine ordentliche Schicht Vlieswolle und befeuchten diese mit Seifenlauge. Anschließend wird die Kugel vorsichtig in das warme Wasser getaucht. Die Kinder drücken die Wolle rundum mehrmals an. Zunächst sollte vorsichtig, dann fester gerieben werden. Die Wolle beginnt, zu schäumen und legt sich immer enger um die Kugel, bis sie diese ganz umschließt.

Weitere Schichten hinzufügen

Die Kinder trocknen sich die Hände gut ab und legen die Kammzugwolle auf die helle Wollkugel. Es kommt immer nur ein wenig Wolle auf die Wollkugel, bis alles

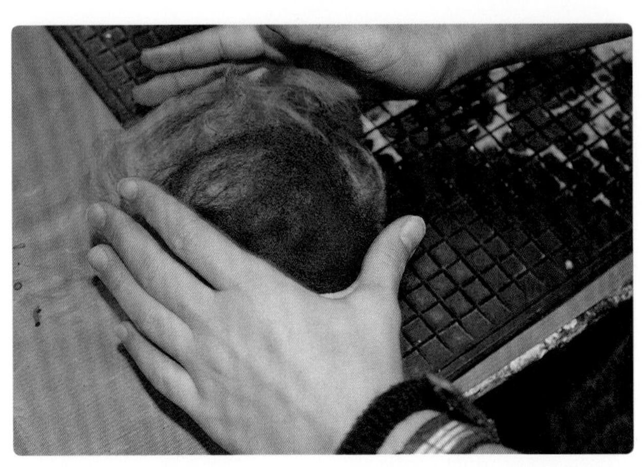

farbig bedeckt ist. Falls noch Lücken zu sehen sind, kann auch während des folgenden Filzens noch farbige Wolle aufgelegt werden. Wie zuvor wird auch diese Schicht befeuchtet und für eine Weile behutsam angedrückt. Dann beginnt wieder das zunächst das vorsichtige, später das festere Reiben. Hier ist Ausdauer gefragt! Je mehr die Kinder die Kugel in der Hand hin- und herbewegen, umso schöner filzt und schließt sich die Wolle.

Äpfel filzen

⇛ Details ausarbeiten

Zu dem Apfel gehört noch ein Blatt, das wir anschließend herstellen. Dazu schneiden sich die Kinder aus der Noppenfolie eine Blattform als formgebendes Element aus. Dieses wird mit grünen Wollfasern in verschiedenen Richtungen umlegt. Die Folie verbleibt in der Wolle. Das Blatt wird mit heißer Seifenlauge beträufelt und dann, wie nun schon gut bekannt ist, bearbeitet: andrücken, reiben, anfeuchten und fleißig weiter filzen. Damit die gelegte Wolle nicht verrutscht, legen die Kinder auch ein Stück Tüll über das Blatt. Wichtig sind die Blattränder, die die Kinder durch Reiben und Streichen in Form bringen. ⇛

⇛ Trocknen und fertigstellen

Zum Schluss werden der Apfel und das Blatt ausgespült und auf der Heizung getrocknet. Zur Vollendung bekommt der Apfel ein kleines Ästchen als Stiel. Am besten schneidet ein Erwachsener mit einem Cutter ein kleines Loch durch den Filz in das Styropor. Die Kinder drücken den kleinen Ast in das Loch und befestigen das Blatt mit dünnem Draht. Der fertige Apfel wird auf einen Sockel aus Kantholz aufgeklebt. Das Holz harmoniert sehr schön mit dem Apfel und bringt das Kunstobjekt besonders gut zur Geltung. ■

Noch Fragen?

- **Kennst du Apfelbäume oder Plantagen in deiner Nähe?**
- **Welche Apfelsorten kennst du?**
- **In welchen Lebensmitteln sind Äpfel drin?**

Apfelrätsel

Es gibt so viele verschiedene Apfelsorten ... Kennst du diese hier?

1.

4.

2.

5.

3.

6.

Lösung: 1. Boskop, 2. Granny Smith, 3. Golden Delicious, 4. Elstar, 5. Braeburn, 6. Pink Lady

Medientipps

Medientipps

Birgit Brandenburg/Gerlinde Blahak:
30 x Kunst für 45 Minuten. Kurze Projekte für schnelle Erfolge.
ISBN 978-3-8346-0625-9 (Kl. 1/2)
ISBN 978-3-8346-0626-6 (Kl. 3/4)

Klaus Eid (et. al.):
Grundlagen des Kunstunterrichts. Eine Einführung in die kunstdidaktische Theorie und Praxis.
UTB, 2002.
ISBN 978-3-8252-1051-9

Petra Kathke:
Sinn und Eigensinn des Materials. Projekte, Anregungen und Aktionen. Band 1.
Cornelsen Scriptor, 2001.
ISBN 978-3-589-25326-5

Petra Kathke:
Sinn und Eigensinn des Materials. — Papier und Pappe, Farbe, Stoffe und Textilien, Schnur, Draht und Faden. Band 2.
Cornelsen Scriptor, 2001.
ISBN 978-3-589-25327-2

Andrea Reinhardt:
Kunst-Highlights für Herbst und Winter. Kurze Projekte für 5- bis 10-jährige.
Verlag an der Ruhr, 2010.
ISBN 978-3-8346-0705-8

Christine Richter:
Jeder ist ein Künstler — 30 Wege dorthin.
Prestel Verlag, 2005.
ISBN 978-3-7913-3406-6

Diemut Schilling:
MUS-E® Edition — Das bin ich. Bildnerisches Gestalten mit Kindern.
6–10 Jahre, Verlag an der Ruhr, 2005.
ISBN 978-3-86072-942-7

Diemut Schilling:
MUS-E® Edition — So seh ich das! Bildnerisches Gestalten mit Kindern.
6–10 Jahre, Verlag an der Ruhr, 2005.
ISBN 978-3-86072-965-6

Susanne Vogt:
Bildbetrachtung aktiv. 90 Ideen für Grundschulkinder.
6–10 J., Verlag an der Ruhr, 2007.
ISBN 978-3-8346-0299-2

Susanne Vogt:
Wasser-Inspirationen für den Kunstunterricht.
8–10 J., Verlag an der Ruhr, 2011.
ISBN 978-3-8346-0708-9

Viola Werner:
MUS-E® Edition — Meine Farben tanzen. Kinder-Kunstideen mit Bewegung.
6–10 Jahre, Verlag an der Ruhr, 2010.
ISBN 978-3-8346-0555-9

Jakobine Wierz:
Aber ich hab doch zwei linke Hände! Werken unterrichten für "Ungeschickte".
Kl. 1–5, Verlag an der Ruhr, 2005.
ISBN 978-3-8346-0001-1

Internettipps

- www.das-fliegende-atelier.de
- www.kinder-machen-buecher.de
- www.kinder-machen-fotos.de
- www.lagjungenarbeit.de
- www.jungenart.de

Verschiedene Internetauftritte der Kinderkunstschule Bochum „Das fliegende Atelier e.V." und der Fachstelle Jungenarbeit NRW.

Die in diesem Werk angegebenen Internetadressen haben wir geprüft (Stand Februar 2012). Da sich Internetadressen und deren Inhalte schnell verändern können, ist nicht auszuschließen, dass unter einer Adresse inzwischen ein ganz anderer Inhalt angeboten wird. Wir können daher für die angegebenen Internetseiten keine Verantwortung übernehmen.